Das Künstler-Kochbuch

Das Künstler-Kochbuch

EINFÜHRUNG VON **HENRY MOORE**

Christian Verlag

Aus dem Englischen übertragen von Anne Mals
Redaktion: Vera Murschetz
Korrekturen und Register: Irmgard Perkounigg
Herstellung: Dieter Lidl
Gestaltung des Schutzumschlags: Ludwig Kaiser
Satz: Josef Fink GmbH, München

Die Originalausgabe (The Artists' Cookbook) erschien
erstmals 1987 bei Macdonald & Co (Publishers) Ltd.,
London & Sydney

Druck- und Bindearbeiten: Graficromo, S.A., Córdoba
Printed in Spain

ISBN 3-88472-140-2

INHALT

EINFÜHRUNG 6
VON HENRY MOORE

VORWORT 8
VON JOCELIN STEVENS
(REKTOR DES ROYAL COLLEGE OF ART, LONDON)

VORSPEISEN 9

SALATE 25

PASTA, PIES UND PIZZA 35

FISCHE UND MEERESFRÜCHTE 51

GEFLÜGEL UND WILD 67

FLEISCH 79

GEMÜSE 93

DESSERTS 105

KUCHEN UND GEBÄCK 131

CHUTNEYS, SAUCEN UND ANDERE KÖSTLICHKEITEN 141

KÜNSTLER UND MITARBEITER 159

REGISTER 160

Soweit die Illustratoren nicht separat aufgeführt sind, stammen Illustration beziehungsweise Foto und Rezept von ein und demselben Künstler.

Einleitungen für Bücher, die die Kunst des Kochens zum Thema haben, werden im allgemeinen von Leuten geschrieben, die ihren Lebensunterhalt als Gourmets verdienen.

Diese Einleitung bildet da in der Tat eine Ausnahme. Ich habe mein Leben damit zugebracht, Skulpturen anzufertigen und nicht etwa Sorbets. Doch immerhin spornten mich all die Zeit Erinnerungen an jene Köstlichkeiten an, die meine Mutter einst daheim in Yorkshire zubereitete – solide englische Kost wie Lammeintopf und Kaninchenpie.

Auch meine Frau Irina bevorzugt eine gute, gesunde englische Küche. Sie wählt das Fleisch und den

Fisch aus, die auf unseren Tisch kommen – und natürlich auch die große Vielfalt an erntefrischen Gemüsen. Ich kann mich glücklich schätzen, in meinem Leben zwei große Köchinnen gekannt zu haben – meine Frau und meine Mutter. Ihnen verdanke ich es, daß ich gut ernährt und wohl versorgt bin. Aus diesem Grund kann ich mich auch nicht mit der Vorstellung anfreunden, daß ein wirklich kreativer Künstler unterernährt sein muß. Und ich glaube, die abwechslungsreichen, köstlichen Rezepte, die die Mitglieder und Freunde des Royal College of Art hier präsentieren, geben mir darin recht.

Henry Moore

Nachdem ich in den Mensen von Schulen und Colleges mehr schlechtes Essen verzehrt hatte, als ich meiner Meinung nach verdient habe, bevor ich an das

Royal College of Art kam, nahm ich an, daß sich Künstler und Designer eher geistigen Genüssen hingeben würden.
Man stelle sich mein Entzücken vor, als ich am ersten Tag feststellte, daß sich in diesem Haus die Essenszubereitung offenbar zu einer eigenen Kunstform entwickelt hatte –
wo der Hühnerschmortopf in jedem Fall seinen elitären Verwandten, den »coq au vin«, in den Schatten stellt und es der »Spotted Dick« (das Rezept dafür habe ich für dieses Buch ausgewählt) mit jeder crème brûlée aufnehmen kann.

Heute weiß ich, daß der Weg zur Kunst eines Menschen durch seinen Magen gehen muß.

Jocelyn Stevens

VORSPEISEN

Blumenkohlsuppe

JESSICA WIDDEN

1 Blumenkohl
Salz
1 Stückchen Butter
Muskatnuß nach Geschmack
Pfeffer

Die Blumenkohlröschen in ½ bis 1 Liter Salzwasser etwa 10 Minuten garen, dann aus dem Topf nehmen und das Garwasser zurückstellen. Den Blumenkohl im Mixer pürieren oder durch ein Sieb streichen. Zusammen mit Butter, Muskatnuß, Pfeffer und Garwasser wieder in den Topf geben und erhitzen. Das Gericht eignet sich besonders gut für Schlankheitskuren – man läßt einfach die Butter weg, und schon hat man eine wunderbare kalorienarme Suppe.

ILLUSTRATION: **DEREK MARTIN**

SELLERIESUPPE

KRYSIA BROCHOCKA

ILLUSTRATION: **CHERRY DENMAN**

1 große Staude Bleichsellerie
1 mittelgroße Zwiebel
½ Liter Hühnerbrühe
Salz und Pfeffer
Sahne

Bleichsellerie und Zwiebel hacken und in der gesalzenen und gepfefferten Brühe köcheln lassen, bis sie weich sind. Dann im Mixer glattpürieren. Die Suppe wieder in den Topf gießen und nach Geschmack Sahne hinzufügen.

Kressesuppe

JEAN SOUTHWOOD

ILLUSTRATION: **KRISTIN JAKOB**

500 Gramm mehlige Kartoffeln
1 Liter Wasser
1 Stange Porree, grobgehackt
1 großes Bund Brunnenkresse, grobgehackt
Salz und schwarzer Pfeffer
Geschlagene Sahne oder Joghurt

Die Kartoffeln in etwa 1 Liter Salzwasser garen (Brühe ist meiner Ansicht nach dem Geschmack dieser köstlichen Suppe abträglich). Sind sie halb gegart, den Porree hinzufügen, und kurz bevor dieser weich ist, die Brunnenkresse. Die Gemüse noch einige Minuten garen, dann durch ein Sieb streichen oder im Mixer pürieren. Die für die Suppe erforderliche Garflüssigkeit dazugeben und abschmecken. Sehr heiß mit einem Häubchen aus einem Löffel geschlagener Sahne oder Joghurt und einem kleinen Stengel Brunnenkresse servieren.
Ich wandle dieses Rezept ab, je nachdem, was ich im Garten oder Gemüsefach vorfinde – manchmal verwende ich eine große Handvoll Spinat zusammen mit etwa einer Handvoll Sauerampfer. Eine weitere Möglichkeit bietet Salat. Aus jeder dieser Zutaten läßt sich eine köstlich frische Suppe zubereiten.

Avocadosuppe

ROSEMARY WILSON

ILLUSTRATION: **JOANNA LEWIS**

Ergibt 4 Portionen,
die zwar klein, aber sehr
sättigend sind.

2 sehr reife Avocados
½ Liter Hühnerbrühe
Salz und Pfeffer
Sahne
Gehackte Petersilie

Das Fleisch der Avocados hacken und zusammen mit der Brühe im Mixer pürieren. Die Suppe mit Salz und Pfeffer abschmecken, dann im Kühlschrank kaltstellen. Auf jede Portion einen Löffel Sahne geben und etwas gehackte Petersilie darüberstreuen.

REITENDE ENGEL

ROBERT BUHLER

8 große Austern
8 dünne Scheiben durchwachsener Frühstücks-speck ohne Schwarte
Warmes Toastbrot, gebuttert

Jede Auster in eine Scheibe Speck einwickeln und die Rollen mit kleinen Holz-spießen zusammenstecken. 4 bis 6 Minuten grillen oder 10 Minuten in den auf 200°C (Gasherd Stufe 3–4) vor-geheizten Backofen schieben. Dann jede Rolle auf eine Scheibe warmes, gebuttertes Toastbrot setzen.

Reitende Teufel

Hühner- oder Kalbsleber
Butter
Salz
Cayennepfeffer
8 große Backpflaumen, eingeweicht oder gekocht
8 dünne Scheiben durchwachsener Frühstücksspeck, ohne Schwarte
8 Scheiben Brot, in Butter geröstet
Einige gefüllte Oliven

Die Leber in 8 Stücke schneiden und in Butter braten. Salzen und mit etwas Cayennepfeffer bestreuen. Die Pflaumen entsteinen und mit der Leber füllen. Die gefüllten Pflaumen in je eine Scheibe Speck wickeln und die Rollen mit Holzspießchen zusammenstecken. Für 8 Minuten in den heißen Backofen schieben. Als Garnierung mit Pimientos gefüllte Oliven verwenden, und jeden der »Teufel« auf einem quadratisch zurechtgeschnittenen und getoasteten Weißbrot servieren.

RÄUCHERMAKRELEN-PASTETE

JEAN SOUTHWOOD

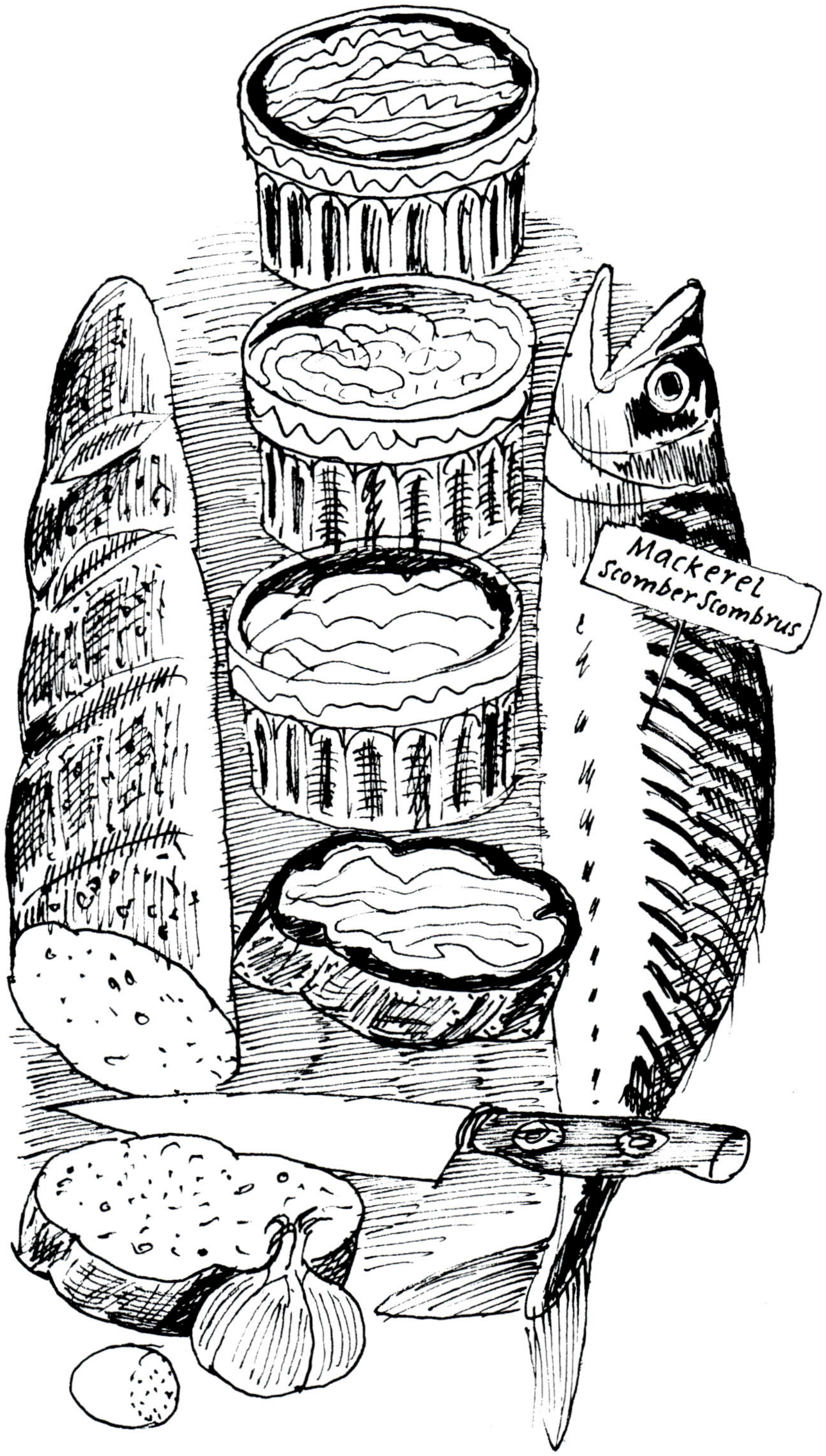

1 ganze geräucherte Makrele
225 Gramm Butter
Saft von 1 Zitrone
1 Knoblauchzehe, zerdrückt
Salz und Pfeffer
¼ Muskatnuß, gerieben
2 Eßlöffel Sahne

Den Fisch häuten, zerblättern und mit 175 Gramm Butter zu einer ziemlich glatten Paste verarbeiten. Zitronensaft und alle anderen Würzzutaten hinzufügen und abschmecken.
Die Masse in ein oder zwei kleine Pastetenformen füllen, mit zerlassener oder geklärter Butter bedecken und bis zum Verzehr in den Kühlschrank stellen.
Mit Zitronenspalten, geröstetem Weißbrot (siehe unten) und Butter servieren.

Geröstetes Weißbrot

1 Stangenweißbrot in gut ½ cm dicke Scheiben schneiden und diese auf einem geölten Blech im Backofen rösten, bis sie braun und knusprig sind.

ILLUSTRATION: **ROGER NICHOLSON**

KIPPERPÂTÉ

DUNCAN OPPENHEIM

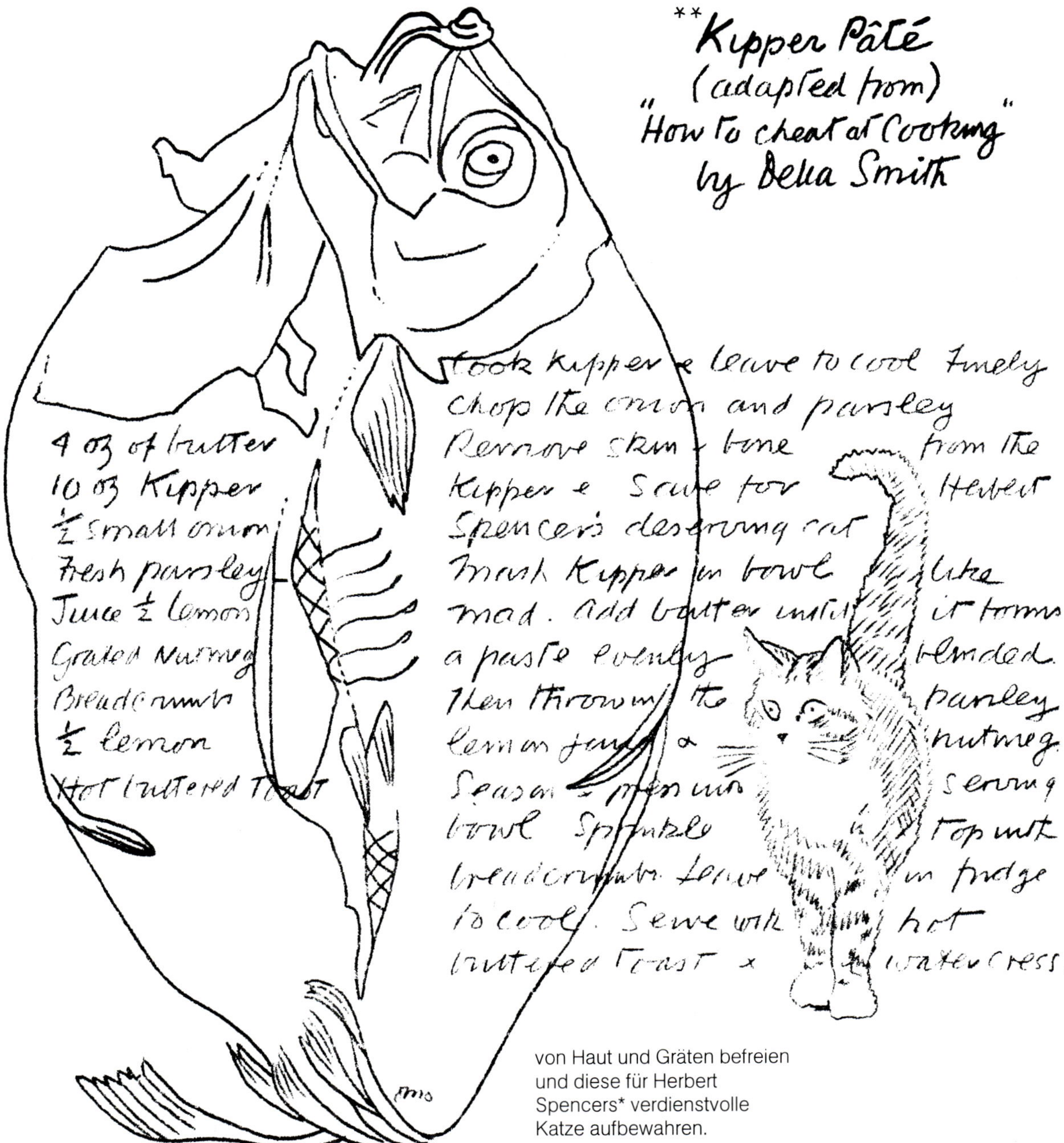

300 Gramm Kipper
½ kleine Zwiebel
Frische Petersilie
110 Gramm Butter
Saft von ½ Zitrone
Geriebene Muskatnuß
Schwarzer Pfeffer
Semmelbrösel

Den Kipper garen und abkühlen lassen. Zwiebel und Petersilie hacken. Den Fisch von Haut und Gräten befreien und diese für Herbert Spencers* verdienstvolle Katze aufbewahren.
Das Fleisch in einer Schüssel zerstampfen. Die Butter hinzufügen und gleichmäßig einarbeiten, dann Zwiebel, Petersilie, Zitronensaft und Muskatnuß dazugeben. Die Masse pfeffern und in eine Servierschüssel drücken. Semmelbrösel darüberstreuen und die Pastete im Kühlschrank kalt stellen. Mit warmem, gebuttertem Toast und Brunnenkresse servieren.

* Herbert Spencer war früher Professor für Graphik am Royal College of Art.

** (Kipper Pâté, aus »How to cheat at Cooking« [Wie man beim Kochen mogelt], von Della Smith)

KRABBENSUPPE

BERNARD MEADOWS

ILLUSTRATION: **MICHAEL HEINDORFF**

30 Gramm Butter
1 Eßlöffel Olivenöl
1 mittelgroße Zwiebel, gehackt
2 Möhren, gehackt
1 Stange Bleichsellerie, gehackt
2 Tomaten, gehackt
1 Knoblauchzehe, zerdrückt
1 Liter Wasser
2 Kartoffeln, in Würfel geschnitten
Ungespritzte Zitronenschale
Eine Prise Kräuter der Provence (Majoran, Thymian, Salbei, Basilikum, Rosmarin)
½ gestrichener Teelöffel Safranpulver
250 Gramm weißfleischiger Fisch, in Stücke geschnitten
Salz und schwarzer Pfeffer
1 mittelgroße gegarte Krabbe
Muskatnuß
Cayennepfeffer
Gehackte Petersilie
1 Glas trockener Wermut oder Sherry
6 Eßlöffel Sahne

Die Butter in einem Topf zerlassen. Olivenöl, Zwiebel, Möhre, Bleichsellerie, Tomaten und Knoblauch hinzufügen. Bei schwacher Hitze 6 bis 10 Minuten garen, dann Wasser, Kartoffelwürfel, Zitronenschale, Kräuter der Provence, Safran und Fisch dazugeben. Salzen und pfeffern und zum Kochen bringen. Etwa 20 Minuten garen, oder so lange, bis die Gemüse weich sind. Anschließend die Mischung im Mixer pürieren oder durch ein Sieb streichen.

Das Püree in einen Topf gießen, das Krabbenfleisch hinzufügen und etwa 5 Minuten erhitzen. Wenn es sehr heiß ist, die Suppe mit Muskatnuß und Cayennepfeffer würzen, dann Petersilie und Wermut oder Sherry dazugeben. Kurz vor dem Servieren die Sahne hinzufügen und die Suppe nochmals erhitzen, aber nicht zum Kochen bringen.

MARGARET CALVERT

Eier (2 oder 3 pro Person)
Milch
Salz
Pfeffer
Ein Stückchen Butter
Sahne

Die Eier mit einer Gabel verschlagen, dann etwas Milch, Salz und Pfeffer hinzufügen. Die Butter in einer schweren Pfanne bei schwacher Hitze zerlassen und die Eimasse hineingießen. Langsam und gleichmäßig rühren, bis sie dick und cremig geworden ist.
Von der Kochstelle nehmen und etwas Sahne hineinrühren, damit das Ei nicht übergart wird, während es noch in der Pfanne ist. Die Sahne verfeinert den Geschmack und verleiht dem Rührei eine leichte, rahmige Konsistenz.
Sofort mit warmem, gebuttertem Toast, etwas geräuchertem Lachs und einem Glas Sekt servieren.

KAVIARPASTE

DAVID QUEENSBERRY

Im allgemeinen ist Taramasalata eine kulinarische Katastrophe, denn sie besteht vorwiegend aus Brot oder irgendeiner Füllmasse und enthält Knoblauch, was meiner Meinung nach nicht richtig ist. Für eine wirklich gute Paste sollte nur ganz frischer geräucherter Dorschrogen verwendet werden – niemals aber konservierte Ware.

250 Gramm geräucherter Dorschrogen
5 Eßlöffel reines, kaltgeschlagenes Olivenöl
Saft 1/4 Zitrone
Frisch gemahlener schwarzer Pfeffer

Die Hülle vom Rogen entfernen und gegebenenfalls harte oder verklumpte Teile wegwerfen.
Den Rogen in eine Schüssel geben und langsam mit einer Gabel das Olivenöl untermischen (nie einen Mixer verwenden, denn er verwandelt den Rogen in eine widerwärtige homogene Masse).
Zitronensaft und eine großzügige Prise schwarzen Pfeffer untermischen. Es sollte eine klebrige Masse entstehen.
Die Paste in kleine Gefäße wie Eierbecher oder Förmchen füllen. Mit warmem Toast und eisgekühltem Wodka servieren. Wein paßt schlecht zu Dorschrogen – er verleiht ihm einen unangenehmen Geschmack.

FOTOGRAFIE: **JULIA HEDGECOE**

SOMMERÜBERRASCHUNG

MARGARET CASSON

2 Dosen Consommé
1/8 l Sahne
60 Gramm Seehasen-
»Kaviar«
Etwas Schnittlauch

Die Consommé auf sechs Suppenschalen verteilen und zum Festwerden in den Kühlschrank stellen. Dann jeweils soviel leichtgeschlagene Sahne daraufgeben, daß sie bedeckt ist, und den »Kaviar« auf die Sahne häufeln. Gehackten Schnittlauch darüberstreuen.

TERRINE VON STILTON UND BACKPFLAUMEN MIT ZWIEBEL-APFEL-SALAT

RICHARD CAWLEY

125 Gramm Backpflaumen (eßfertige, die nicht eingeweicht werden müssen)
5 Eßlöffel Portwein
150 Gramm Stilton, mit der Gabel zerdrückt
¼ Liter Hühner- oder Gemüsebrühe
1 Päckchen gemahlene Gelatine
⅛ Liter Sahne, geschlagen (bis sie cremig und locker, aber noch nicht steif ist)
1 Eiweiß (Gewichtsklasse 3), mit einer Prise Salz steif geschlagen
1 kleiner, roter Tafelapfel, ohne Kerngehäuse und in Würfel geschnitten
4 kleine Frühlingszwiebeln, geputzt und gehackt (mit grünem Teil)
Vinaigrette, gut gewürzt mit englischem Senfpulver

Die Backpflaumen in eine kleine Schüssel geben und den Portwein darübergießen. Die Früchte, gut abgedeckt, über Nacht einweichen.
Den Käse mit der Hälfte der Brühe im Mixer vermischen, in der übrigen Brühe die Gelatine nach Gebrauchsanweisung auflösen. Beide Mischungen in eine mittelgroße Schüssel gießen, verrühren und kalt stellen, bis das Ganze fest zu werden beginnt.
In der Zwischenzeit die Pflaumen in einen kleinen Topf geben und, mit fest aufgelegtem Deckel, bei sehr schwacher Hitze 10 Minuten garen. Die Pflaumen sollten nun sehr weich sein und die gesamte Flüssigkeit aufgenommen haben. Zum Abkühlen beiseite stellen, dann entsteinen und sehr fein hacken, wenn möglich in einer Kompaktküchenmaschine.
Unter die fest werdende Käsemasse zuerst die Sahne, dann den Eischnee unterheben. Die Hälfte dieser Mischung in eine gefettete 1-Liter-Kastenform aus Blech gießen und kalt stellen. Wenn die Masse fest geworden ist, die gehackten Pflaumen darüberstreuen und vorsichtig in die Oberfläche drücken. Die restliche Käsemischung in die Form gießen und kalt stellen, bis sie fest ist.
Apfelscheiben und gehackte Zwiebeln mit der Salatsauce vermischen.
Die Kastenform kurz in heißes Wasser tauchen, die Terrine stürzen und in 2½ cm dicke Scheiben schneiden.
Zum Servieren je eine Scheibe in die Mitte eines Tellers legen und um sie herum etwas Salat anrichten.

BRIAN TATTERSFIELD

Eine auf einem Rezept von Michael Smith basierende pikante Version, die entweder – wie in Yorkshire – als Vorspeise oder als Beilage zum Schweinebraten serviert werden kann.

1 große Zwiebel, gehackt
125 Gramm frische Weißbrotkrumen
60 Gramm Vollkorn-Haferflocken
2 gestrichene Teelöffel gehackte Salbeiblätter oder 2 Teelöffel getrockneter Salbei
1 gestrichener Teelöffel gehackte frische Petersilie
Salz
Frisch gemahlener Pfeffer
½ Teelöffel abgeriebene, ungespritzte Orangen- oder Zitronenschale
2 Eier, verquirlt
Ausgebratenes Schweinefett oder 30 Gramm Butter

Die gehackte Zwiebel mit leicht gesalzenem Wasser bedecken und kochen, bis sie weich ist. Die Flüssigkeit durch ein Sieb abgießen und aufbewahren, die Zwiebel abkühlen lassen.
Die restlichen Zutaten – ausgenommen Eier und Fett – in einer Schüssel vermischen. Zwiebelstücke hinzufügen und so viel Garflüssigkeit, daß eine lockere Masse entsteht. Das verquirlte Ei hineinrühren. Die Masse sollte weich, aber nicht flüssig sein. In einem flachen Bräter oder zwei kleineren Blechformen etwas Schweinefett oder die Butter erhitzen. Wenn der Siedepunkt erreicht ist, die Puddingmischung hineingießen und etwa 25 Minuten bei 200 bis 220°C (Gasstufe 4) backen, bis sie knusprig und gar ist. In quadratische Stücke schneiden und servieren.

GEFLÜGELPASTETE MECHTHILD

MECHTHILD NAWIASKY

1 große Zwiebel, in Scheiben geschnitten
2 Möhren, in Scheiben geschnitten
2 Lorbeerblätter
Eine große Prise Thymian und Petersilie
3 Nelken
4 Pfefferkörner
Meersalz nach Geschmack
1 Poularde
Frühstücksspeck
Butter
Pfeffer
Sojasauce
Tabasco
Selleriesalz

In einem großen Topf Wasser zum Kochen bringen, dann Zwiebel- und Möhrenscheiben, Lorbeerblätter, Thymian, Petersilie, Nelken, Pfefferkörner und etwas Meersalz hineingeben und einige Minuten leise kochen. Das Huhn hineinlegen und köcheln lassen, bis es gar ist. Den Schaum von der Brühe abschöpfen. Das Huhn aus dem Topf nehmen und das Fleisch vollständig von den Knochen lösen. Die Knochen wieder in die Brühe geben und weiterkochen. Später die Brühe durch ein Sieb gießen. Den in sehr kleine Würfel geschnittenen Speck zusammen mit der feingehackten Leber salzen und pfeffern, dann in Butter braten. Das gesamte Fleisch und die Leber durch den Fleischwolf drehen, zum Befeuchten etwas Brühe hinzufügen. Ein wenig Sojasauce, einige Tropfen Tabascosauce und eine Prise Selleriesalz dazugeben. Die Masse abschmecken, gegebenenfalls nachwürzen und in eine Pastetenform füllen. Bis zum Verzehr im Kühlschrank kalt stellen.

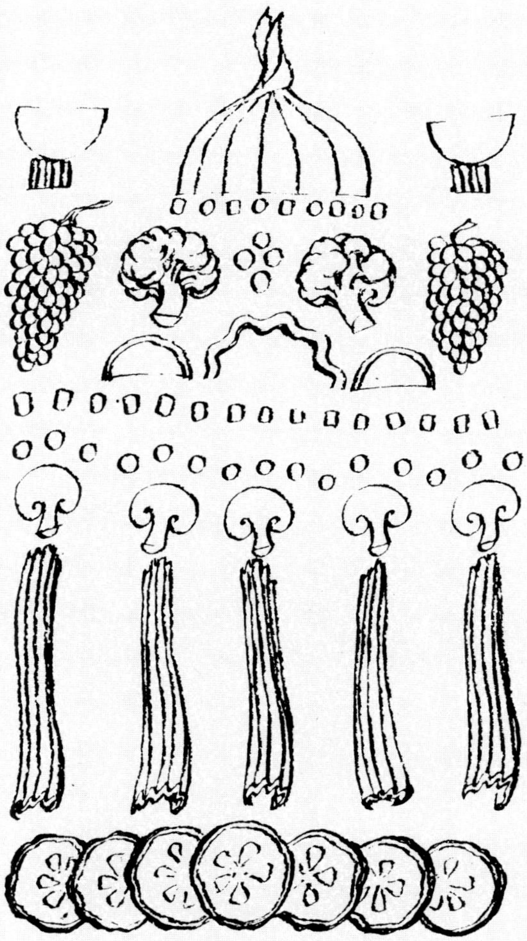

SALATE

SALAT LYONNAISE

FRED DUBERY

Dieser Wintersalat wird mit krauser Endivie zubereitet, die dem in Gewächshäusern gezogenen schlaffen Kopfsalat vorzuziehen ist, den man in den Wintermonaten im Handel findet. Die krause Endivie bildet einen runden Kopf, und ihre Blätter sind außen dunkelgrün und in der Mitte gelb bis blaßgrün. Die dunkleren Blätter schmecken mitunter leicht bitter, und wer das als unangenehm empfindet, verwendet nur die helleren Mittelblätter. Der folgende Salat steht auf der Speisekarte vieler Restaurants in Lyon und ist sehr beliebt.

1 krause Endivie
2 Eier
125 Gramm durchwachsener Frühstücksspeck oder gegrillter Schweinebauch
2 Scheiben Weißbrot, in 1 cm große Würfel geschnitten

Für die Vinaigrette

1 Teelöffel Salz
½ Teelöffel frisch gemahlener schwarzer Pfeffer
1 Teelöffel französischer Senf
1 Schalotte, feingehackt
1 Knoblauchzehe, gehackt
1 Dessertlöffel feingehackte Petersilie
2 Eßlöffel Estragonessig
Saft von ½ Zitrone
6 Eßlöffel Olivenöl

Für die Vinaigrette Salz und Pfeffer in eine Schüssel geben, dann Senf, Schalotte, Knoblauch und Petersilie. Essig und Zitronensaft dazugießen und alles gut vermischen. Zum Schluß das Olivenöl langsam und unter ständigem Rühren hinzufügen.

Die Endivienblätter trennen, waschen, auseinanderzupfen und schleudern. Die Eier hart kochen, schälen und zum Abkühlen beiseite stellen, dann in Viertel schneiden. Den Speck in etwa 2½ cm lange Stücke oder den Schweinebauch in kleine Würfel schneiden und braten. In dem noch heißen Fett die Brotwürfel schwenken und braun rösten.

Endivie, Eier, Fleisch und geröstete Brotwürfel in eine Schüssel geben und gut vermischen. Kurz vor dem Servieren mit einer großzügigen Portion Vinaigrette anmachen.

MECHTHILD NAWIASKY

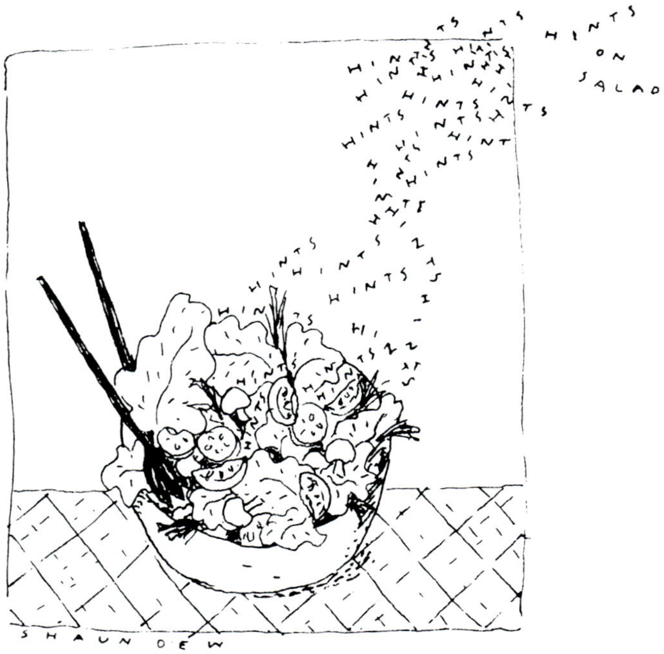

ILLUSTRATION: **SHAUN DEW**

Früher gab es keine gemischten Salate – man glaubte, jedes Salatgemüse verdiene eine eigene Sauce –, auch wenn mehrere Sorten auf dem Tisch standen. Ich beobachtete einmal Strauße im Zoo, die eine Mischung aus Grünzeug bekamen, das bis zur Unkenntlichkeit zerhackt war: Sie blickten voller Verachtung darauf herab, pickten ein paar Brocken heraus und stolzierten dann davon. Viele Salate lösen bei mir eine ähnliche Reaktion aus. Deshalb möchte ich hier einige Tips geben, wie man jene herrlichen Pflanzen, die uns als Salate dienen, angemessen behandelt.
1. Mischen Sie Salate nicht.
2. Unterstreichen Sie den individuellen Geschmack einer jeden Salatsorte mit einer Sauce, die ganz speziell für sie zubereitet wurde.

Kopfsalat

Verrühren Sie eine kleine Menge Estragonessig, Zitronensaft (mehr als Essig), etwas Zucker, sehr wenig zerdrückten Knoblauch, Salz und frisch gemahlenen weißen Pfeffer. Zerdrücken Sie eine halbe Gemüsezwiebel und geben Sie nur den Saft mit einer Prise englischem Senfpulver, einem Hauch Selleriesalz, ein oder zwei Tropfen Tabasco und sehr viel reinem Olivenöl (erste Pressung) in die Zitronensaftmischung. Abschmecken und, falls notwendig, nachwürzen. Die Sauce über den Salat gießen und vorsichtig unterheben.

Aïoli

Diese Knoblauchmayonnaise wird zu gegarten kalten Artischocken, jungen geriebenen Sellerieknollen oder Möhren beziehungsweise anderem kaltem Gemüse serviert.
1 oder 2 Eigelb (ganz ohne Eiweiß) in eine Schüssel geben und glattrühren. Tropfenweise feinstes Olivenöl hinzufügen – wenn die Mischung wirklich dick wird, das Öl etwas rascher hineingießen Salz und frisch gemahlenen weißen Pfeffer, Zitronensaft und etwas Zucker, sehr wenig Essig und reichlich durch die Knoblauchpresse gedrückten Knoblauch dazugeben. Nach Belieben können auch Tabasco und Selleriesalz hinzugefügt werden. Übriggebliebene Aïoli eignet sich, in kleinen Mengen verwendet, für Kopfsalatdressings, insbesondere für etwas bittere Salatsorten.

Gurke

Gurken schälen, in sehr dünne Scheiben schneiden, etwas Salz und Weinessig darübergeben und eine Stunde stehenlassen, dann mit frisch gemahlenem schwarzem Pfeffer bestreuen und mischen.

Grüne Paprikaschoten

Sie können ohne jede Sauce gegessen werden, oder man tunkt sie in etwas Aïoli.

Tomaten

Tomaten nacheinander kurz in kochendem Wasser blanchieren, dann häuten und in Scheiben schneiden. Etwas Zwiebelsaft, ein wenig Weinessig und etwas mehr Zitronensaft, mit wenig Zucker gemischt, darübergeben. Dann reines Olivenöl (kaltgeschlagen, 1. Pressung) hinzufügen, aber nicht zu viel, sowie etwas Salz und frisch gemahlenen schwarzen Pfeffer. Ein wenig sehr fein gehackte Petersilie darüberstreuen und den Salat für eine Stunde beiseite stellen, damit die Aromen verschmelzen. Dann durchmischen.

Rote Rüben

Garen, schälen und in dünne Scheiben schneiden. Kümmel, Salz und frisch gemahlenen Pfeffer sowie etwas Weinessig, mit Zucker gemischten Zitronensaft (sehr wenig) und Olivenöl hinzufügen. Eine Weile zum Durchziehen beiseite stellen. Rote Rüben niemals mit anderen Salaten mischen, weil sie sonst aussehen, als seien sie auf einem Schlachtfeld geerntet worden. Dies gilt auch für reife, abgezogene Tomaten.

Bunter Gemüsesalat

GILLIAN PATTERSON

ILLUSTRATION: **LOUISE BRIERLEY**

Das Rezept für diesen Salat basiert auf meiner Abneigung gegen Kopfsalat. In welchen Mengen die Zutaten verwendet werden, hängt davon ab, was man am liebsten mag und was gerade zur Verfügung steht.

Chicorée
Grüne Paprikaschote
Rohe kleine Champignons
Tiefkühl-Erbsen, aufgetaut
1 Dose Zuckermais
Bleichsellerie
Grüne Weintrauben
Junge Blumenkohlröschen
Salatgurke
Frühlingszwiebeln
Gehackte Walnüsse

Zutaten, sofern notwendig, hacken. In einer Schüssel mischen, von jeder Zutat aber eine kleine Menge zurückstellen, die zum Schluß über den Salat gestreut wird.

Salatsauce

1 Knoblauchzehe (oder Knoblauchsalz)
2 Teelöffel feiner Zucker
½ Teelöffel Salz
Schwarzer Pfeffer
1 Teelöffel getrocknete Minze
Olivenöl
Essig

Den Knoblauch zerdrücken und Zucker, Salz, Pfeffer und Minze hinzufügen. Langsam das Öl hineinrühren. Nach und nach den Essig dazugeben und kräftig rühren, damit keine Öltröpfchen entstehen. Die Menge hängt vom persönlichen Geschmack ab, deshalb zwischendurch immer wieder probieren. Das Dressing sollte leicht süß sein, gegebenenfalls mehr Zucker hinzufügen. Einige Minuten stehenlassen, dann noch einmal kräftig rühren, bevor die Sauce über den Salat gegossen wird. Gut untermischen, um alle Zutaten zu überziehen.

EXOTISCHER SALAT

MICHAEL ROTHENSTEIN

Ich mag Salate, finde es aber langweilig, wenn man sie immer durcheinandermischt. Der folgende Salat wird deshalb geschichtet. Ganz unten liegen geschälte Orangenscheiben, darauf Avocadoscheiben, dann kommen Kiwis – eigentlich mag ich Kiwis nicht besonders, aber sie sehen so lustig aus – und schließlich Parmaschinken, rohe Möhren und graved Lachs (mit Dill angemachter roher Lachs).
Ein solcher Salat läßt sich in endlosen Variationen zusammenstellen, doch kommt es auf die richtige Mischung von Aromen und Strukturen an, ob salzig, mild, weich oder knackig. Bei uns zu Hause verwenden wir geräucherten Lachs, Aalfilets, Bresaola (trocken gepökeltes Rindfleisch), westfälischen Schinken oder geräucherte Makrelenfilets mit Gemüse, wie Fenchel oder Stangenbohnen, die man zuvor wenige Minuten gart. Mozzarella bildet eine gute, milde Grundlage für die schärferen Aromen. Als Obst nehmen wir Pfirsiche, Birnen oder Nektarinen, aber keine Äpfel. Sie werden braun und verderben die Optik.
Ich gebe keine Sauce über den Salat – nur einige Tropfen Oliven- oder Walnußöl und etwas Zitronensaft.

RICHARD CAWLEY

Dieser köstliche und außergewöhnliche Salat, der sich ausgezeichnet als Vorspeise oder leichtes Mittagessen eignet, ist eine »Parade« von Aromen. Die Zutaten dafür sind sowohl warm als auch kalt. Wer seine Gäste beeindrucken will, ändert den Namen dieses Gerichts in »Kavalkade« ab und verwendet vier verschiedene Füllungen. Einige Teigtaschen sollten die zwei im Rezept aufgeführten Füllungen enthalten, die restlichen werden entweder mit gekühlter Knoblauchbutter oder feingehacktem Schinken, den man mit etwas rotem Johannisbeergelee und Senf mischt, gefüllt.

Für 6 Portionen

60 Gramm Ziegenkäse oder anderer Weichkäse
1 Frühlingszwiebel, geputzt und feingehackt
Salz und frisch gemahlener schwarzer Pfeffer
Etwa 300 Gramm Blätterteig, aufgetaut, falls gefroren
1 Eigelb, mit etwas Milch verquirlt
12 geräucherte Austern, Öl abtropfen lassen
Salatblätter (möglichst interessant und verschiedenartig), gewaschen, abgetrocknet und zerpflückt
6 Artischockenböden (gegebenenfalls abgetropft), quer in dünne Scheiben geschnitten
Vinaigrette, vorzugsweise mit Walnuß- oder Haselnußöl zubereitet
Öl zum Fritieren

Käse und gehackte Zwiebel mischen, dann gut salzen und pfeffern.
Den Teig sehr dünn ausrollen und 24 Scheiben von gut 6 cm Durchmesser ausstechen, die Ränder mit der Ei-Milch-Mischung bestreichen. In die Mitte von 12 Teighüllen eine geräucherte Auster setzen, auf den restlichen die Käsemasse verteilen. Die Scheiben in der Mitte falten und die Ränder fest zusammendrücken. Die Taschen nach Füllungen getrennt halten. Sie können auch im Voraus zubereitet und bis zu 12 Stunden im Kühlschrank aufbewahrt werden.
Salatblätter und Artischockenböden erst in der letzten Minute in der Vinaigrette wenden und auf sechs großen Tellern verteilen.
Das Öl erhitzen und die Blätterteigtaschen fritieren, bis sie knusprig und goldbraun sind – dabei einmal drehen. Auf zerknülltem Küchenkrepp abtropfen lassen und - immer noch nach Füllungen getrennt – warm stellen.
Auf den Tellern jeweils zwei der verschiedenen Teigtaschen in Windmühlenform anrichten.

EIERSALAT

LILIAN DODD

3 hartgekochte Eier
2 Tomaten
1 große Gemüsezwiebel
1 saure Gurke
Salz und Pfeffer
1 Dessertlöffel salad cream (Salatdressing)
1 Dessertlöffel Essig
30 Gramm geriebener Cheddar-Käse

Eier, Tomaten, Zwiebeln und saure Gurke in Würfel schneiden. In eine Schüssel geben und nach Geschmack salzen und pfeffern. Salatmayonnaise und Essig hinzufügen. Vorsichtig untermischen, so daß die Zutaten nicht zerdrückt werden. Mehrere Stunden oder über Nacht in den Kühlschrank stellen. Kurz vor dem Servieren den geriebenen Käse darüberstreuen.

ILLUSTRATION: **CHARLES SHEARER**

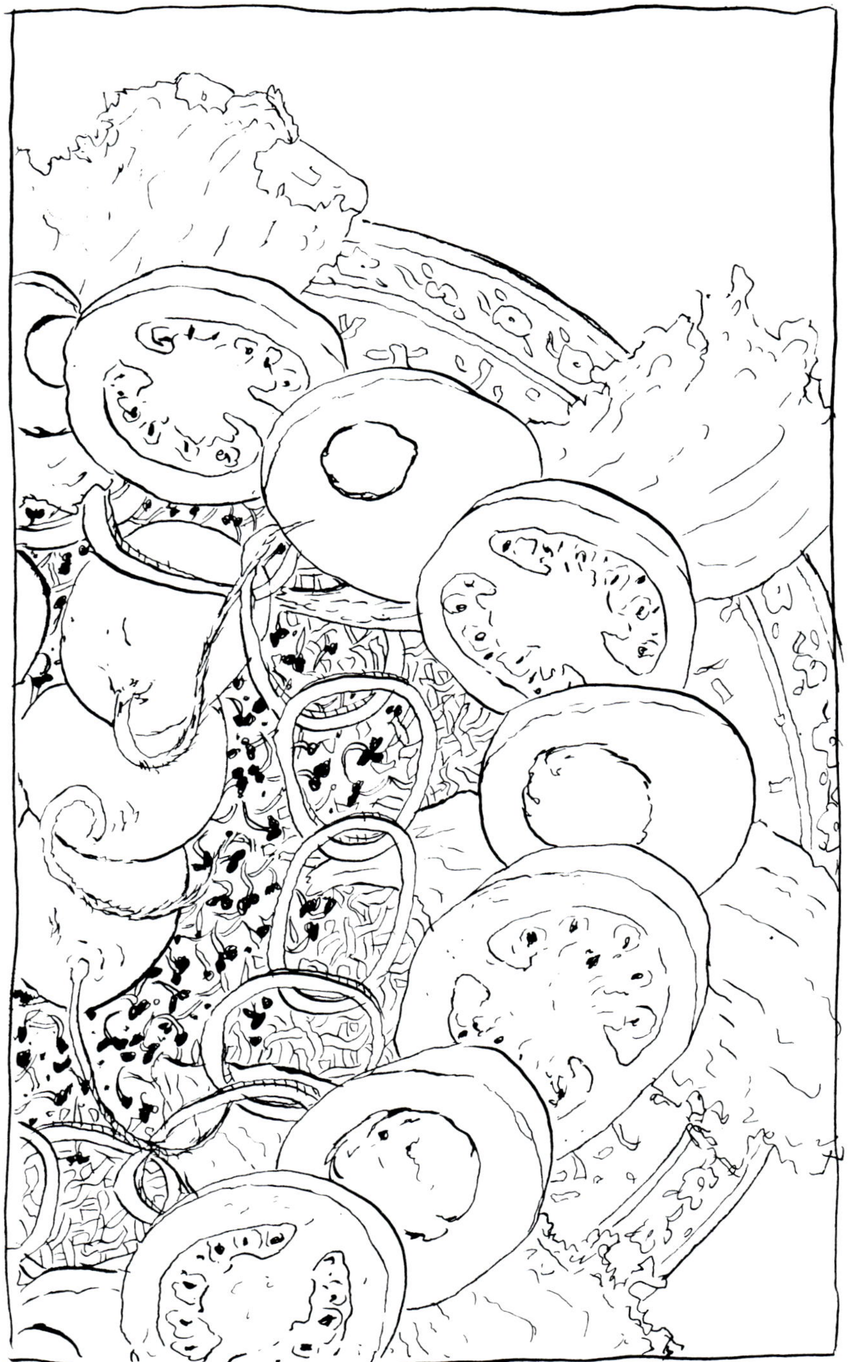

GEFLÜGELSALAT

KRYSIA BROCHOCKA

Ich serviere dieses Gericht mit einer Schüssel knackigem Kopfsalat sowie einer Schüssel mit in Scheiben geschnittenen Tomaten und Zucchini, über die ich Zucker, Zitronensaft, Essig und Pfeffer gebe. Auch »baked potatoes« (im Ofen gegarte Kartoffeln) passen gut dazu.

ILLUSTRATION: **VIRGINIA WILKINSON**

1 Huhn (etwa 1,3 Kilogramm schwer)
250 bis 375 Gramm Trockenaprikosen
3 oder 4 Stangen Bleichsellerie
1 mittelgroße Paprikaschote
1 oder 2 Äpfel
Gesalzene Erdnüsse (Menge nach Belieben)
Rosinen

Das Huhn garen und abkühlen lassen, dann das Fleisch von den Knochen lösen. Die Aprikosen 30 Minuten einweichen. Hühnerfleisch, Aprikosen, Bleichsellerie, Paprika und Äpfel hacken und mit Erdnüssen und Rosinen in eine Schüssel geben.

Salatsauce

275 bis 300 Milliliter Joghurt
1 bis 2 Eßlöffel Sahne
Zucker
Zitronensaft
Salz und Pfeffer nach Geschmack

Die Zutaten vermischen und glattrühren, dann über den Salat geben. Alles gut mischen und für etwa eine Stunde oder über Nacht in den Kühlschrank stellen. Vor dem Servieren noch einmal durchmischen.

APFELROTKOHL

ILLUSTRATION: **PAUL HOGARTH**

1 Kilogramm Rotkohl
3 Kochäpfel
30 Gramm Butter
1 kleine Zwiebel
Eine Prise gemahlene Nelken
2 Eßlöffel Weinessig
1 Eßlöffel Zucker
Salz nach Geschmack
300 Milliliter Rinderbrühe
Einige Eßlöffel Wein

Den Kohl nach Entfernen des Strunks in dünne Streifen schneiden und beiseite stellen.
Die Äpfel schälen und nach Herauslösen des Kerngehäuses in dicke Scheiben schneiden. Diese in einer großen Pfanne in der Butter braten.
In der Zwischenzeit die Zwiebel abziehen und grob hacken. Wenn die Apfelscheiben leicht gebräunt sind, Kohl, Zwiebel, Nelkenpulver, Essig, Zucker und Salz hinzufügen und alles gut mischen. Einige Minuten unter Rühren garen, dann die Brühe dazugießen.
Die Temperatur so weit herunterschalten, daß die Mischung noch leise köchelt, anschließend mit aufgelegtem Deckel etwa 45 Minuten garen. Den Wein hinzufügen und noch einmal 15 Minuten garen.
Warm oder kalt mit Schinken servieren.

PASTA, PIES UND PIZZA

POLENTA VITICUSO

EDUARDO PAOLOZZI

In den zwanziger Jahren wanderten meine Eltern nach Schottland aus, doch kochten sie weiterhin so, als würden sie noch immer in ihrem Dorf in den Bergen bei Frosinone leben.
Viele Gerichte waren rasch zubereitet, wie etwa Eier, die in einen brodelnden Topf mit gewürzten Tomaten oder Pimientos gerührt wurden, der auf dem heißen Herd stand. Das Ganze aß man dann mit Öl und Brot. Viele bäuerliche Speisen, darunter auch das folgende, kann man warm oder kalt verzehren, und wenn man hungrig ist, schmecken sie alle gleich köstlich.
Die Zubereitung von Polenta ähnelt der von Teigwaren oder Reis. Man gibt zwei Hände voll Maismehl in einen großen Topf mit kochendem Salzwasser und rührt so lange, bis ein dicker Brei entstanden ist. Diesen gießt man dann in eine große Schüssel, in der auch noch Platz für eine gehaltvolle Sauce eige-

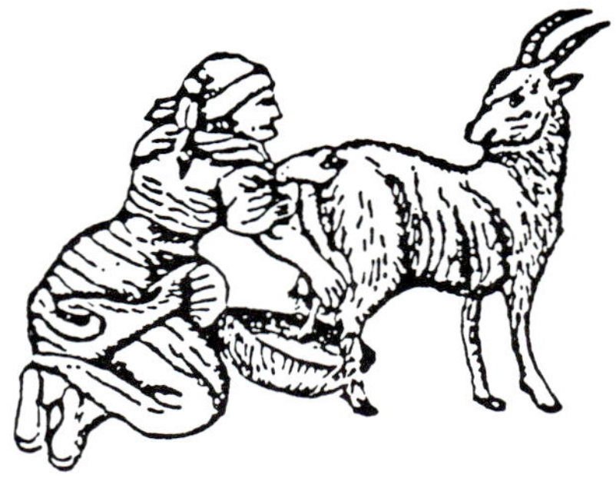

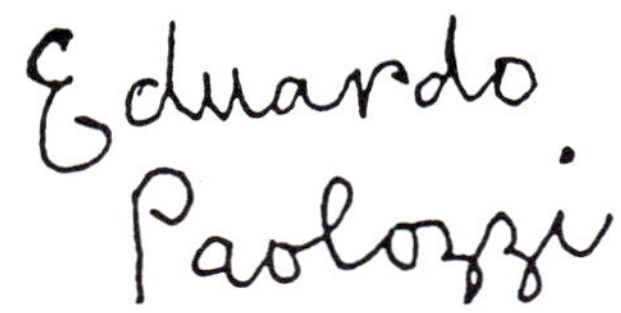

ner Wahl sein sollte. Hier kann jeder Koch seine Phantasie spielen lassen. Meine Mutter gab manchmal Spinat in die noch köchelnde Polenta, was sehr appetitlich aussah.
Polenta kann auch in Scheiben geschnitten und mit Öl und Knoblauch gebraten werden.
Im übrigen ist Polenta – es gibt verschiedene Variationen – mit reichlich Butter und Knoblauchsauce zubereitet, das Nationalgericht Rumäniens.

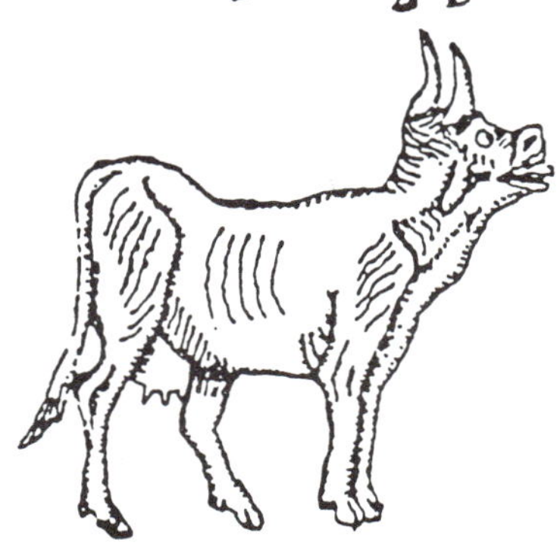

SPAGHETTI ALL'AGLIO (ODER ALLE CIPOLLE ODER AL BURRO)

Zwiebeln
Knoblauch
Olivenöl
Spaghetti

Das nun folgende Gericht habe ich schon unzählige Male zubereitet. Man kennt es am Südzipfel Italiens ebenso wie im Norden, und nicht nur in den schicken Restaurants Venedigs steht es auf den Tischen, sondern auch in den bescheidenen Dörfern der Apenninen. Es ist so köstlich, daß man süchtig danach werden kann, und dennoch unglaublich einfach. Falls Sie einmal keine Zeit haben, aber in zwei Stunden sechs besondere Gäste erwarten, setzen Sie rasch einen großen Topf mit Salzwasser zum Kochen auf. In der Zwischenzeit werden Zwiebeln und einige Knoblauchzehen gehackt, zusammen mit Olivenöl in eine große Bratpfanne gegeben und vorsichtig gebraten. Wer schon etwas Erfahrung hat, wäscht und macht den Salat währenddessen an und richtet Früchte und Käse her. Mittlerweile sollte das Wasser kochen. Die Spaghetti hineingeben und im Auge behalten. Sie müssen »al dente« sein (das heißt, sie dürfen nicht zu lange gekocht werden). Auch hier braucht man Erfahrung. Die Spaghetti abgießen, doch nicht vollständig abtropfen lassen, weil sie sonst zu trocken werden. Dann zu Zwiebeln und Knoblauch in die Pfanne geben.
Es existiert sogar eine noch einfachere Version dieses Gerichts: Man gibt nur etwas Butter und großzügig Parmesankäse über die Spaghetti.

NUDELN MIT KRESSESAUCE

JOHN GOLDING

Nudeln
1 große Knoblauchzehe, zerdrückt
60 Gramm Butter
1 Eßlöffel Olivenöl
2 Bund Brunnenkresse, grobgehackt
Geriebener Parmesankäse (nach Belieben)

Die Nudeln wie gewohnt garen und in der Zwischenzeit die Sauce zubereiten. In einer schweren Pfanne den Knoblauch in Butter und Olivenöl anbraten. Sobald er braun wird, die Brunnenkresse mit Stielen dazugeben. Rühren, bis die Kresse zusammenfällt – aber noch Struktur und Farbe hat.

Die Sauce über die abgetropften Nudeln geben, untermischen und das Gericht servieren. Geriebener Parmesankäse paßt zwar gut zu diesem Gericht, ist aber wegen des intensiven Geschmacks der Kresse nicht unbedingt notwendig. Als Beilage eignet sich Tomatensalat.

MAKKARONI MIT SARDELLENMAYONNAISE

JULIAN TREVELYAN

Ich liebe alle Arten von Nudeln. Nach dem folgenden Rezept werden sie kalt gegessen. Das Gericht eignet sich als Vorspeise oder als leichtes Mittagessen.

Für 4 Personen

300 Gramm Makkaroni oder Muschelnudeln
2 Eßlöffel Olivenöl
5 Eßlöffel Mayonnaise
1 Knoblauchzehe, zerdrückt oder feingehackt
Mindestens 2 Eßlöffel gehackte Petersilie, Majoran oder Schnittlauch
1 kleine Dose Sardellenfilets
2 hartgekochte Eier, in Spalten geschnitten

Die Nudeln garen, abgießen und unter fließendem kaltem Wasser abschrecken. Wiederum abtropfen lassen, dann im Öl schwenken. In einer Schüssel aus Mayonnaise, Knoblauch, Kräutern und Sardellenfilets eine Paste herstellen, anschließend die Nudeln untermischen. Das Gericht mit den hartgekochten Eiern und etwas Petersilie (oder Schnittlauch) garnieren.

Marillé mit Tomatensauce au Wodka

GIORGIO GIUGIARO

Dieses Saucenrezept ist speziell für die »Marille«-Pasta gedacht, die ich für Voiello kreiert habe. Leider ist sie außerhalb Italiens kaum erhältlich, aber Makkaroni eignen sich gut als Ersatz.

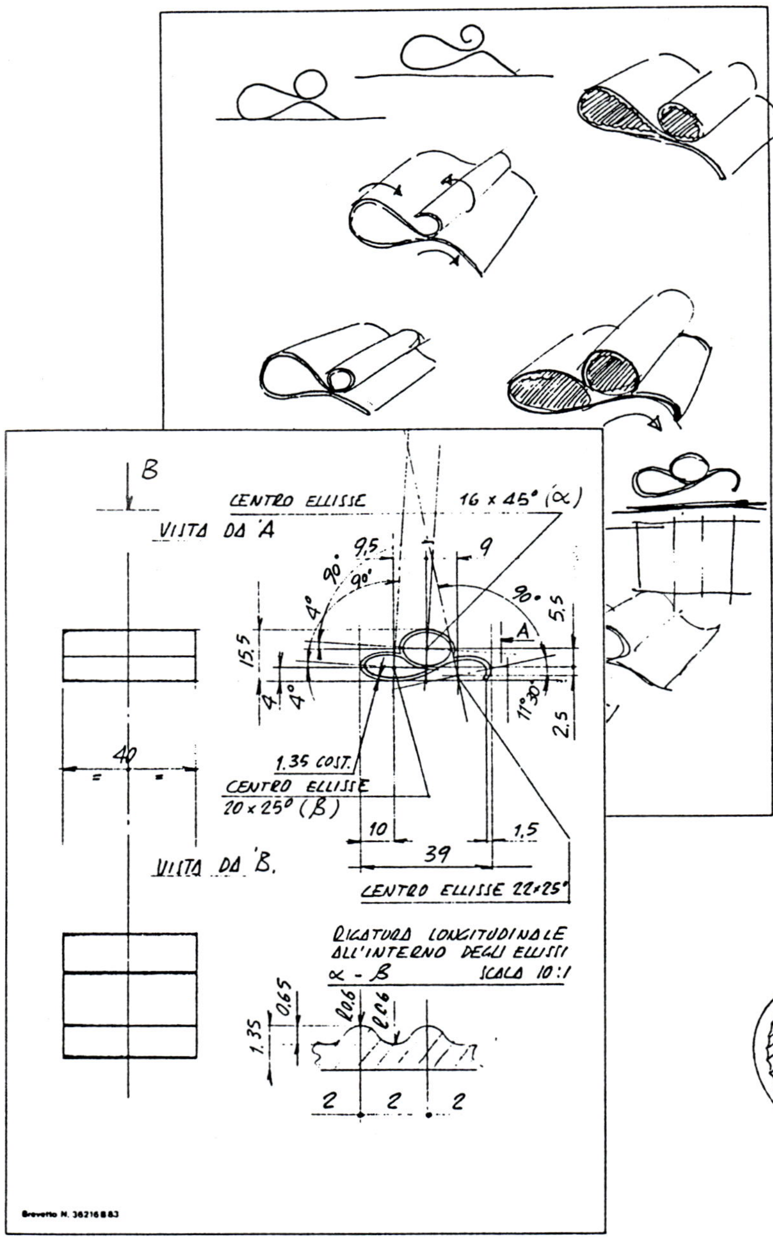

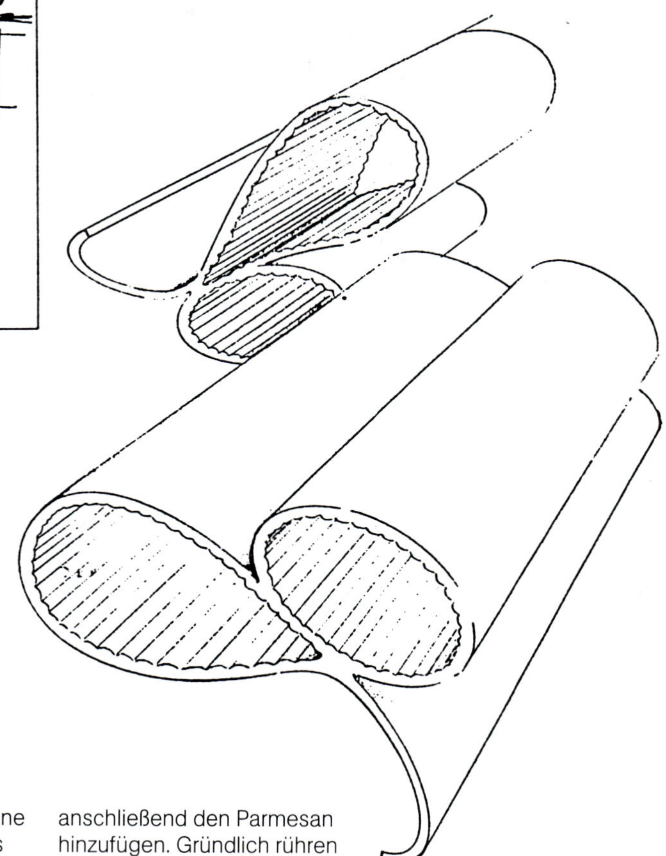

60 Gramm Butter
4 oder 5 Stücke Chillischote
2 Eßlöffel Tomatenpüree
5 Eßlöffel Sahne
3 Eßlöffel Wodka
1 Eßlöffel Cognac
150 Gramm geriebener Parmesankäse
400 Gramm »Marillas« oder Makkaroni
2 oder 3 Kartoffeln, in dünne Scheiben geschnitten (nur falls Makkaroni verwendet werden)

Die Butter in einer Bratpfanne zerlassen, dann die Chillies hinzufügen.
In einer Schüssel das Tomatenpüree mit 4 Eßlöffeln warmem Wasser gut vermischen. Dann zusammen mit der Sahne in die Pfanne gießen und unter ständigem Rühren 1 bis 2 Minuten erhitzen. Die Chillies herausnehmen, Wodka und Cognac dazugeben. Die Sauce 3 bis 4 Minuten kochen lassen, anschließend den Parmesan hinzufügen. Gründlich rühren – mit einem guten Rührgerät reichen 1 oder 2 Minuten.
In der Zwischenzeit die Nudeln in kochendem Wasser garen. (Falls Makkaroni verwendet werden, 1 Minute vor Ende der Garzeit die Kartoffelscheiben in die Pfanne geben.)
Die fertigen Nudeln abtropfen lassen, mit der Sauce überziehen und ... buon appetito!

OKONOMIYAKI – EINE JAPANISCHE KOHLPIZZA

ROGER NICHOLSON

Okonomi bedeutet in etwa »nach Ihrem Geschmack« oder »Ihr Lieblingsessen«, und Yaki »mit Feuer« oder »auf dem Feuer gegart«. Meiner Meinung nach handelt es sich hier um eines der köstlichsten Gerichte der japanischen Küche. Die folgenden vier Zutaten werden gebraucht:

Reichlich feingehackter Kohl
Pfannkuchenteig
Pikantes Fleisch, Garnelen oder Kalmar
Reichhaltige Sauce

Zutaten und Geschmacksrichtungen lassen sich jedoch endlos variieren und fordern daher die Kreativität des Kochs heraus. Es ist einfach und in ganz Japan beliebt, wenngleich man es in noblen Restaurants nicht auf der Speisekarte findet.

Für 4 Personen

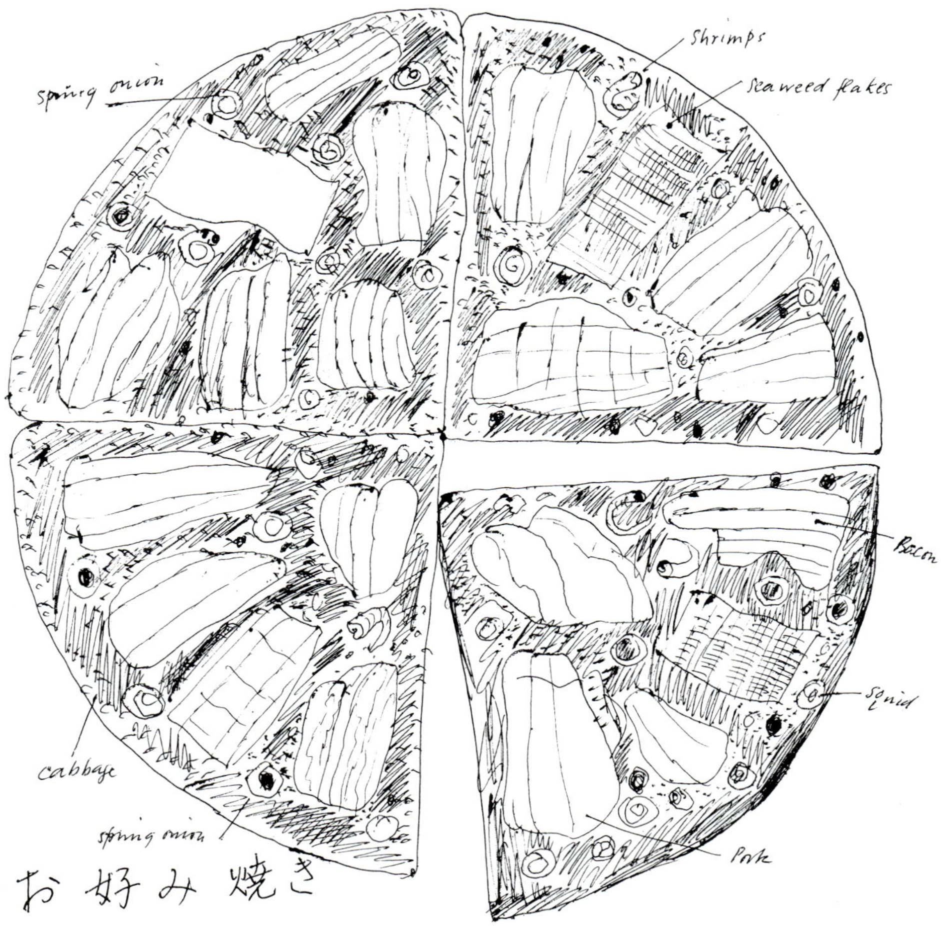

Aus 4 Eiern, 250 Gramm Mehl und Wasser einen Teig herstellen.
Einen halben Kohlkopf und 2 Frühlingszwiebeln oder kleine Porreestangen fein hacken. Mit dem Teig vermischen und rühren, bis er die richtige Konsistenz für Pfannkuchen hat.
In dünne Scheiben geschnittenes Schweinefleisch, Hackfleisch, Frühstücksspeck oder Kalmar getrennt oder zusammen braten.
Tomatenketchup und Worcestersauce verrühren, um eine Sauce herzustellen.
Öl oder Butter in einer großen Bratpfanne erhitzen. Eine Portion Teig hineingeben und zu einem großen, knapp 2 cm dicken Pfannkuchen auseinanderdrücken. Das gebratene Fleisch darauf verteilen und dann eine weitere dünne Schicht Kohl. Wenn die Unterseite gebräunt ist, den Pfannkuchen umdrehen.

Mit einem Wender in Portionen teilen und mit der Sauce auf vorgewärmten Tellern servieren. Falls erhältlich, japanisches Algen-Fisch-Pulver (unter der Bezeichnung »seto fuumi« oder »bento no tomo« im Handel) darüberstreuen. In Kyoto und Osaka ißt man auch Mayonnaise und Senf dazu.

AUSHAK

NICHOLAS LAW

ILLUSTRATION: **MONICA FINE**

Für 4 Personen

200 Gramm Mehl
2 Eier
1 Stange Porree, gründlich gewaschen
Milch
Hackfleisch
2 Tomaten
1 Zwiebel
½ Liter Joghurt, auf ¼ Liter abgetropft
Reichlich Knoblauch

Eigentlich sollte dieses afghanische »Ravioli«-Gericht mit einer Mehl-Wasser-Paste zubereitet werden, aber es wird dann ziemlich schwer, deshalb ist ein Nudelteig (1 Ei auf 100 Gramm Mehl) empfehlenswerter.
Zur Herstellung des Teigs das Mehl auf eine Marmorplatte sieben und in der Mitte eine Mulde machen. Die Eier verquirlen und in die Mulde gießen. Mit den Fingerspitzen nach und nach in das Mehl einarbeiten, bis ein glatter Teig entstanden ist. Diesen zu einer Kugel formen und eine Weile ruhen lassen.
Den Teig möglichst dünn ausrollen. Scheiben von nicht mehr als 5 cm Durchmesser ausstechen und auf die Hälfte sehr fein gehackten rohen Porree geben. Die Teigränder mit Milch bestreichen und die andere Hälfte der Scheiben fest daraufdrücken.
Die Teigtaschen in wallend kochendem Wasser garen, bis sie »al dente« sind. Gut abtropfen lassen und in ein vorgewärmtes Gefäß füllen. Die Taschen mit einer herzhaften Sauce aus Rindfleisch, Tomaten und Zwiebeln überziehen. Kurz vor dem Servieren den abgetropften und reichlich mit Knoblauch gewürzten Joghurt daraufgeben. Sofort servieren … und machen Sie sich auf eine Überraschung gefaßt!

NUDELN MIT RÄUCHERFISCH

QUENTIN BLAKE

Geräucherter Kabeljau, Schellfisch oder Merlan
Milch
Butter
Nudeln
Pfeffer
Geriebener Parmesan (nach Belieben)

Etwas geräucherten Fisch in einen Topf geben und so viel Milch dazugießen, daß er teilweise bedeckt ist. Butterflöckchen daraufsetzen, dann bei sehr schwacher Hitze köcheln lassen, bis der Fisch gar ist und sich leicht zerblättern läßt.
In der Zwischenzeit Nudeln (möglichst Muscheln) in kochendem Salzwasser garen, bis sie »al dente« sind, und abtropfen lassen.
Den Fisch aus der Milch nehmen, zerblättern und die Haut entfernen. Milch und Butter zu einer Sauce einkochen.
Etwas Pfeffer dazugeben und alle Zutaten in einem Gefäß vermischen. Mit etwas Glück setzen sich die Fischstücke in die Muscheln, allerdings neigen sie häufig dazu, auf den Schüsselboden zu sinken. Man kann auch Parmesan darüberstreuen, doch ich persönlich mag das nicht. Ein Glas Soave dazureichen.

SPAGHETTI MIT BROKKOLI

PHILLIP KING

Dieses Gericht ist schnell zubereitet, aber dennoch sehr schmackhaft, und es verbreitet einen Hauch von Exklusivität.

* PORTRAIT OF THE ARTIST AS A YOUNG MAN EATING SPAGHETTI

Für 2 Personen

500 Gramm Brokkoli
Etwa 200 Gramm Schinkenwürfel
200-Gramm-Packung Rahmfrischkäse
Schwarzer Pfeffer
Salz
1/4 Teelöffel Paprika
500 Gramm frische Nudeln (falls gewünscht, Vollkornnudeln)

Den Brokkoli fast weich dämpfen – aber nicht zu lange garen. Aus dem Topf nehmen und mit Stielen in 5 cm große Stücke schneiden. Die Schinkenwürfel ohne Fett in eine Pfanne geben und bei schwacher Hitze bräunen. Brokkoli und Käse, frisch gemahlenen Pfeffer (fünf Umdrehungen), eine Prise Salz und Paprika hinzufügen. In der Zwischenzeit die Nudeln 2 bis 3 Minuten in sprudelnd kochendem Salzwasser garen (Vollkornnudeln länger). Abtropfen lassen, in eine Schüssel geben und die Sauce darüberziehen. Sofort servieren.

*(Porträt des jungen Künstlers als Spaghettiesser)

PIKANTE KÜRBISPIE

JENY BENNETT

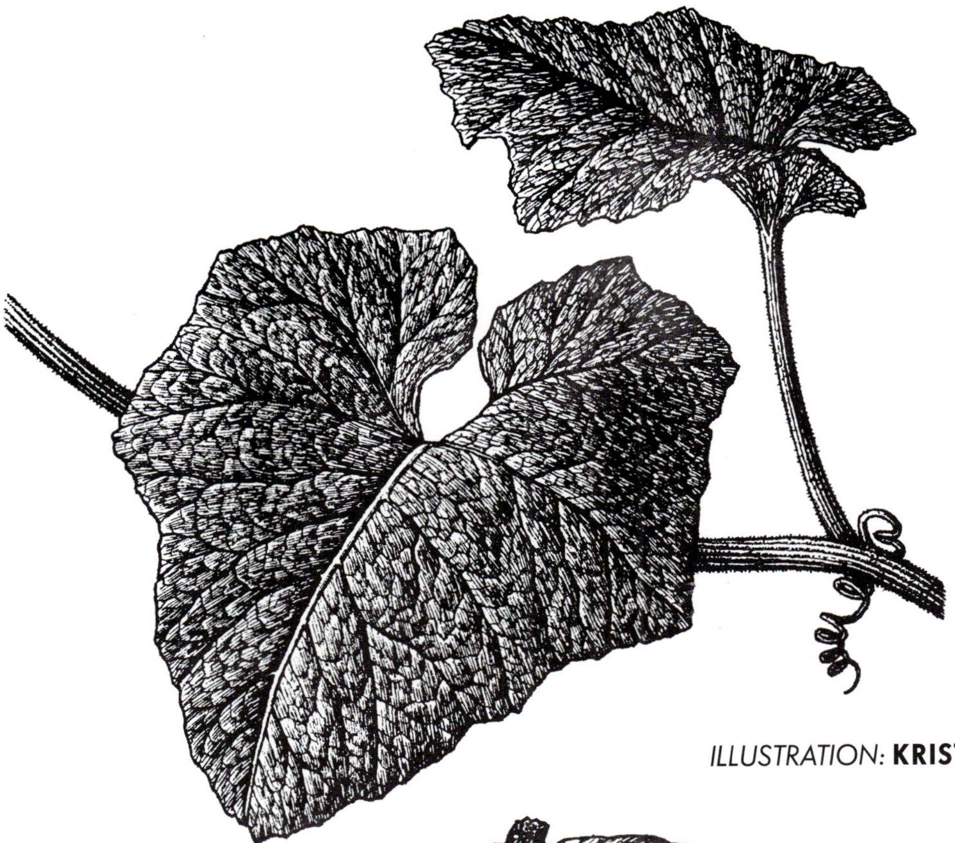

Aus 175 Gramm Vollkornmehl, 6 Eßlöffeln Sonnenblumenöl, Sesam und etwas Wasser zum Binden einen Teig herstellen und diesen zunächst in einer Form 15 Minuten bei 180° C (Gasherd Stufe 3) backen, bevor die Füllung hineingegeben wird.

ILLUSTRATION: **KRISTIN JAKOB**

Füllung

Das Kürbisfleisch in große Stücke hacken und dämpfen, bis es weich ist. Mit 2 Eßlöffeln Tahin, einer Prise Muskat und Salz nach Geschmack würzen, dann pürieren.
Das Püree auf den Teig in die Form gießen, die Pie mit gehackten Nüssen bestreuen und backen, bis sie goldbraun ist (etwa 45 Minuten).

BERNARD MYERS

Dies ist ein nahrhaftes, fleischloses Gericht für 4 bis 6 Personen. Ich habe es schon bei »gemischten« Festen von Vegetariern und Nicht-Vegetariern serviert, ohne daß letztere bemerkt hätten, daß sie fleischlos essen. Zwar braucht man zur Zubereitung etwas Zeit, doch können Pfannkuchen, Auberginen, Champignons und Béchamelsauce im voraus gegart werden. Vor dem Zusammenstellen der Pie muß man die Béchamelsauce wieder vorsichtig erhitzen und dabei mit dem Schneebesen rühren, bis sie vollkommen glatt ist. Vorsicht, daß sie nicht anbrennt. Ebenfalls als Füllung geeignet sind dicke Tomatensauce, in Scheiben geschnittener Mozzarella und Parmesan, die man mit Kräutern kombiniert.

Für die Pfannkuchen

(Die angegebenen Mengen reichen für 10 Stück von etwa 20 cm Größe)
3/8 Liter kalte Milch und Wasser (halb und halb)
4 Eier
Eine Prise Salz
250 Gramm gesiebtes Mehl
60 Gramm zerlassene Butter
Öl oder Schmalz

Milch und Wasser, Eier und Salz in eine Schüssel geben, dann Mehl und Butter hinzufügen. Mit der Hand gründlich vermengen – oder 1 Minute mit einem elektrischen Rührgerät. Der Teig sollte vollkommen glatt und gerade so dick sein, daß er einen Löffelrücken überzieht. Dann abgedeckt in den Kühlschrank stellen, nach Möglichkeit für 2 Stunden.
Die Pfannkuchen in einer vollkommen sauberen Pfanne backen. Die Pfanne zunächst erhitzen, dann sehr wenig Öl oder Schmalz hineingeben. Es sollte gerade den Pfannenboden überziehen – Überschuß gegebenenfalls abgießen. Wenn es siedet, so viel Teig hineingießen, daß ein dünner Pfannkuchen entsteht. Sobald er fest wird, umdrehen. Er sollte nicht zu braun werden.
Die fertigen Pfannkuchen auf Pergamentpapier noch heiß aufeinanderschichten und immer ein Stück Papier dazwischenlegen. Den Stapel zwischen zwei Tellern an einen kühlen Platz stellen.

Für die Pie

2 große Auberginen
Salz
350 Gramm Champignons
Olivenöl
75 Gramm Butter
75 Gramm Mehl
3/4 Liter Milch
Pfeffer
Geriebener Cheddar-Käse

Die Auberginen in 3 mm dicke Scheiben schneiden, mit Salz bestreuen und 30 Minuten stehenlassen, damit das Wasser herausgezogen wird.
In der Zwischenzeit die Champignons mit Stielen in dünne Scheiben schneiden. Vorsichtig in Öl braten, ohne sie jedoch zu bräunen.
Zur Zubereitung der Béchamelsauce die Butter in einem kleinen Topf zerlassen. Zuerst das Mehl, dann die Milch hineinrühren, so daß eine glatte, cremige Sauce entsteht. Pfeffern und mit Muskat abschmecken.
Die Auberginenscheiben waschen und mit Küchenkrepp trockentupfen. Das Öl in einer Pfanne erhitzen und die Auberginenscheiben braten, bis sie auf beiden Seiten goldbraun sind.
Auf Küchenkrepp abtropfen lassen.

Fertigstellung der Pie

Eine tiefe, ofenfeste Form von der Größe der Pfannkuchen ausbuttern. Dann schichtweise Pfannkuchen, Béchamelsauce und Auberginen, Pfannkuchen, Béchamelsauce und Champignons hineinfüllen. Jede Schicht würzen. So fortfahren, bis die Form voll ist. Noch eine dicke Schicht Béchamelsauce darüberziehen und reichlich grobgeriebenen Cheddar darüberstreuen. Bei 200° C (Gasherd Stufe 3–4) im Backofen 30–40 Minuten backen, bis die Pie gebräunt ist. Sehr heiß servieren.

PIKANTE OSTERPIE

JOY LAW

ILLUSTRATION: **SUE BALFRE**

500 Gramm gegarter Spinat
250 Gramm Ricotta-Käse
3 Eßlöffel Parmesankäse
Salz und Pfeffer
500 Gramm Mürbeteig
4 Eier sowie 1 Eigelb
Etwas Milch

Den Spinat grob hacken und abkühlen lassen, dann Ricotta- und Parmesankäse untermischen. Gut würzen. Eine tiefe Kuchenform mit dem Mürbeteig auslegen (genügend für den Deckel zurückstellen) und bis 2½ cm unter den Rand mit Spinat-Käse-Masse füllen. Vier tiefe Mulden hineindrücken und in jede ein Ei schlagen. Den Teigdeckel aufsetzen, die Ränder dabei mit Milch bestreichen und zusammendrücken. Dann mit Eigelb bepinseln und die Stellen markieren, wo sich die Eier befinden. Die Pie im vorgeheizten Backofen bei 200° C (Gasherd Stufe 3–4) 40 Minuten backen.

Töpferpie

JANE GIBSON

ILLUSTRATION: **PETER BROOKES**

»Modelliermasse«

250 Gramm Mehl
125 Gramm Fett
Eine Prise Salz
Wasser

Füllmaterial

500 Gramm Brät
2 Äpfel
1 Zwiebel
Eine Handvoll frischer Salbei
Salz und Pfeffer

Glasur

1 Ei

Technik

Zur Herstellung der Modelliermasse Mehl, Fett und Salz vermischen. Wasser hinzufügen und kneten, bis die gewünschte Plastizität erreicht ist.
Zu einer Platte ausrollen und diese in eine Pieform pressen, eine zweite Platte für den Deckel zurückstellen.
Das Brät in die Form drücken und eine Schicht geschälte, in Scheiben geschnittene Äpfel darauflegen. Geriebene rohe Zwiebel darübergeben, dann die Pie mit gehacktem Salbei sowie Salz und Pfeffer bestreuen.
Den Deckel aufsetzen und die Ränder mit einem Modellierwerkzeug sauber zusammenfügen. Den Teig mit dem verquirlten Ei glasieren.
In den auf 190°C (Gasherd Stufe 3) vorgeheizten Brennofen schieben und 40 Minuten brennen.
Kann warm oder kalt gegessen werden.

Druckerpie

HERBERT SPENCER

175 Gramm Buchstaben-nudeln (Analphabeten können auch Spaghetti verwenden)
175 Gramm Fleischklößchen (selbstgemacht oder aus der Dose)
⅛ Liter Tomatensauce
1 gehackte Zwiebel
1 Eßlöffel Olivenöl
3 Eßlöffel geriebener Parmesankäse
Pieteig
2 Eßlöffel Milch

Die Buchstabennudeln in Salzwasser halb garen, gut abtropfen und abkühlen lassen.
Die Fleischklößchen grob hacken, mit den Nudeln vermischen und die Tomatensauce hinzufügen. Die Zwiebel in Öl braun braten, die Fleisch-Nudel-Masse hinzufügen und 5 Minuten erhitzen, dann mit dem geriebenen Käse bestreuen.
Eine Pieform mit Teig auslegen und die Füllmasse hineingießen. Einen Teigdeckel daraufsetzen und die Ränder zusammendrücken. Den Deckel überall einstechen, damit Dampf entweichen kann, und mit Milch bestreichen.
Die Pie etwa 20 Minuten bei 220°C (Gasherd Stufe 5) backen, oder bis sie braun ist.
Sie kann mit einem Winkelhaken serviert werden, doch ist das nicht zwingend notwendig.

MICHAEL STARLING

oder
wie man am Abend des zweiten Weihnachtsfeiertages seinen Kühlschrank stürmt und reichlich belohnt wird.

ILLUSTRATION: JOHN BRADLEY

Wenn man gleich zwei Pies auf einmal zubereitet, erspart man sich Arbeit. Im Kühlschrank sollten sie sich mindestens eine Woche halten. Zwei Fasanen enthäuten und entbeinen. Am besten auch gleich eine Flasche Wein öffnen – denn wenn man beim dritten oder vierten zähen Schenkel angelangt ist, sind die Nerven schon ziemlich strapaziert. Größere Stücke gegebenenfalls kleinschneiden und das ganze Zeug in eine Bratpfanne werfen, in der zerlassene Butter brutzelt. 250 Gramm ebenfalls zerkleinertes Kalbsfilet oder Hühnerfleisch und einige in kleine Stücke geschnittene dünne Scheiben Frühstücksspeck hinzufügen. Alles etwas würzen.
Wenn die Stücke gebräunt sind, ein Glas Rotwein dazugeben und ihn bei mittlerer Hitze einkochen, bis keine Flüssigkeit mehr vorhanden ist. Den Pfanneninhalt mit Hühnerbrühe bedecken und einige Minuten köcheln. Beiseite stellen, dann Fleisch und Brühe trennen.
Zwei gut gefettete 500 Gramm fassende rechteckige Blechformen ½ cm dick mit Mürbeteig auslegen, der aus 350 Gramm Schmalz, 700 Gramm Mehl und einer großen Prise Salz zubereitet wurde. Der Teig sollte rundum 2½ cm über die Formen stehen und an den Ecken nicht übereinanderliegen.
Die Fleischmasse möglichst sauber hineindrücken und vorhandene Lücken mit etwas Brühe auf- aber nicht überfüllen. Deckel aufsetzen und die überstehenden Teigränder darüberfalten. Mit Eiweiß bestreichen und die Pies auf der unteren Schiene bei mittlerer Hitze für mindestens 1½ Stunden in den Backofen schieben. Während der ersten Stunde mit Pergamentpapier abdecken. Die Pies in der Form abkühlen lassen, dann ein kleines Loch in die Teigdeckel machen. Mit Gelatine verrührte Brühe hineingießen, um die Pies ganz zu füllen. Dies nach einigen Stunden wiederholen – so oft, bis keine Brühe mehr aufgenommen wird. Die Pies aus den Formen nehmen und in den Kühlschrank stellen. Kalt und in dünne Scheiben geschnitten servieren.

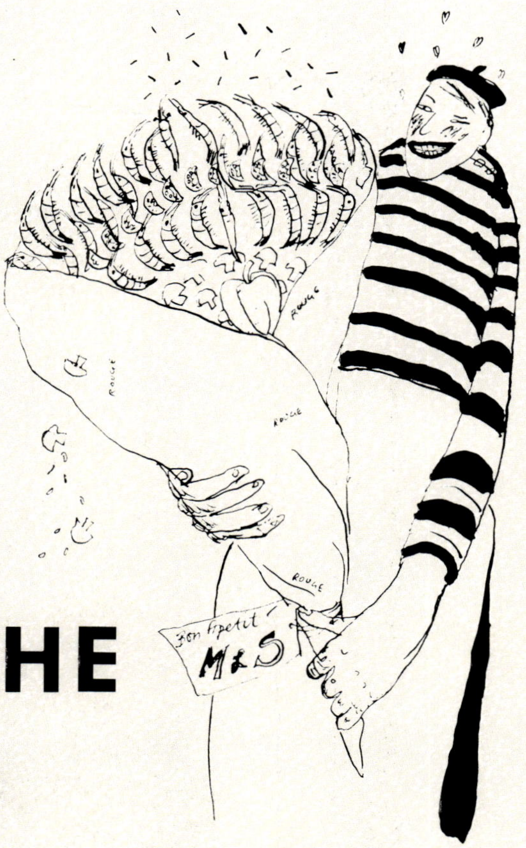

FISCHE
UND
MEERESFRÜCHTE

MAKRELE ODER HERING IM HEMD

JOHN UND JULIA HEDGECOE

FOTOGRAFIE: **JOHN HEDGECOE**

Für 4 Personen

4 Scheiben altbackenes Schrotbrot
Abgeriebene Schale und Saft von 1 kleinen ungespritzten Zitrone
2 Eßlöffel feingehackte Fenchelblätter
10 bis 12 Fenchelsamen, zerstoßen
Salz
Frisch gemahlener schwarzer Pfeffer
Butter
4 Makrelen oder Heringe, entgrätet, aber nicht zerlegt

Das Brot zerbröseln. Abgeriebene Zitronenschale, gehackte Fenchelblätter und -samen hinzufügen und nach Geschmack Salz und Pfeffer. Alles gut vermischen. Etwas Butter in einer Grillpfanne zerlassen. Die Fische hineinlegen, um sie mit Butter zu überziehen, dann wenden und für 3 bis 5 Minuten unter den heißen Grill setzen. Die Fische herausnehmen, umdrehen und mit der Brotmischung bedecken – dabei etwas mehr in die Mitte, zwischen das Fleisch geben. Alles mit zerlassener Butter bestreichen und noch einige Butterflöckchen daraufsetzen. Dann bei mittlerer Temperatur unter dem Grill garen, bis das Fleisch durch und die Oberfläche knusprig ist. Etwas Zitronensaft über den Fisch träufeln und mit dem Saft aus der Pfanne servieren. Zu diesem Gericht passen Salzkartoffeln oder frisches Brot, anschließend ißt man einen knackigen Winter- oder Sommersalat.

FISCHMOUSSE FÜR ACHT PERSONEN

JOY LAW

ILLUSTRATION: **EMMA CHICHESTER-CLARKE**

250 Gramm Merlan oder Seehecht
4 Eier
125 Gramm weiche Butter sowie etwas zerlassene Butter
Trockener Wermut
Salz
Pfeffer
Muskatnuß
150 Gramm Sahne

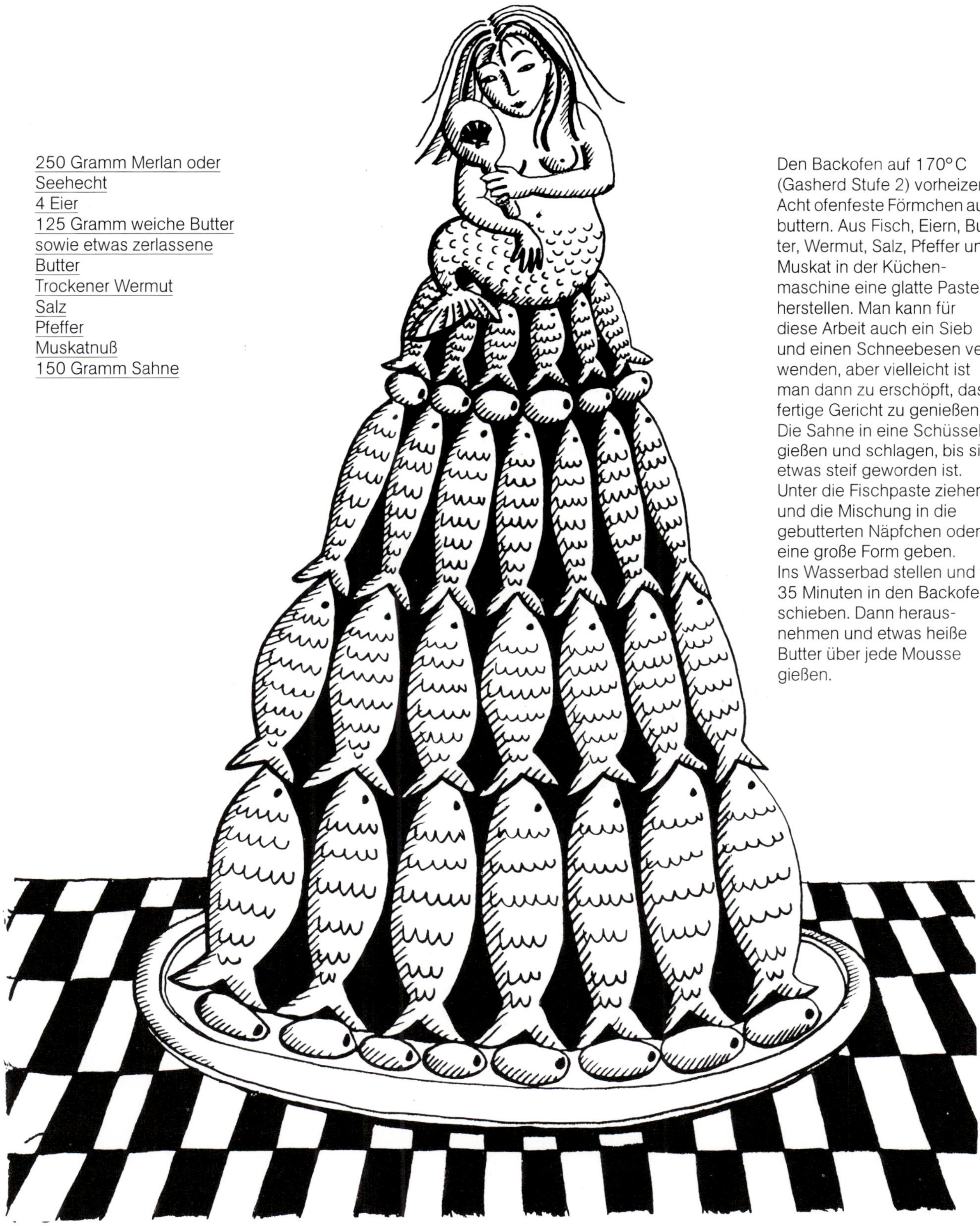

Den Backofen auf 170° C (Gasherd Stufe 2) vorheizen. Acht ofenfeste Förmchen ausbuttern. Aus Fisch, Eiern, Butter, Wermut, Salz, Pfeffer und Muskat in der Küchenmaschine eine glatte Paste herstellen. Man kann für diese Arbeit auch ein Sieb und einen Schneebesen verwenden, aber vielleicht ist man dann zu erschöpft, das fertige Gericht zu genießen. Die Sahne in eine Schüssel gießen und schlagen, bis sie etwas steif geworden ist. Unter die Fischpaste ziehen und die Mischung in die gebutterten Näpfchen oder in eine große Form geben. Ins Wasserbad stellen und für 35 Minuten in den Backofen schieben. Dann herausnehmen und etwas heiße Butter über jede Mousse gießen.

PIKANTE MAKRELEN

BOBBY GILL

Makrelen
Zwiebeln
Nelken
Lorbeerblatt
Pfefferkörner
Petersilie
1 Messerspitze Thymian
1 Messerspitze Muskatblüte
Eine Prise Salz
Malzessig

Die Fische säubern und waschen, dann Köpfe und Flossen abschneiden.

Zusammen mit den in Scheiben geschnittenen Zwiebeln, Gewürzen, Kräutern und Salz in eine große feuerfeste Form geben. Mit Essig bedecken und bei mittlerer Hitze etwa 30 bis 40 Minuten im Backofen garen, bis die Makrelen gar sind. Herausheben und in eine tiefe Servierschüssel legen, den Essig durch ein Sieb über die Fische gießen. Abkühlen lassen und mit Salat servieren.

Regenbogenforelle mit Rahmkohl

ALF DUNN

2 mittelgroße Forellen
Knoblauch
Zitronensaft
60 Gramm Mandelblätter
Butter
60 Gramm kleine Champignons, in dünne Scheiben geschnitten
Salz und Pfeffer
250 Gramm Weißkohl, in feine Streifen geschnitten
5 Eßlöffel Sahne
Zitronenscheiben

Die Forellen waschen und säubern, die Köpfe aber nicht abschneiden. Innen mit einer halben Knoblauchzehe einreiben und mit Zitronensaft beträufeln. Die Mandelblätter in 15 Gramm Butter rösten. Wenn sie braun werden, die Champignonscheiben hinzufügen. Die Mischung bei starker Hitze einige Minuten braten, dann in die Forellen füllen. Die Haut entlang der Mittelgräten einritzen und die Fische auf eingeölter Alufolie in die Grillpfanne legen.
Mit etwas Butter bestreichen, dann Salz und schwarzen Pfeffer darüberstreuen.
Bei mittlerer Hitze etwa 10 Minuten grillen. Die Forellen wenden und nochmals 10 Minuten unter den Grill setzen.
Während der Fisch gart, 30 Gramm Butter bei schwacher Hitze in einer Pfanne zerlassen, den in Scheibchen geschnittenen Knoblauch dazugeben und etwas Salz und schwarzen Pfeffer.
Die Temperatur herunterschalten und die Kohlstreifen hinzufügen. Etwa 10 Minuten unter gelegentlichem Rühren garen, bis der Kohl goldbraun, aber noch knackig ist.
Die Hitze reduzieren und die Sahne dazugießen, vorsichtig rühren, bis sie warm ist, aber noch nicht kocht.
Die Forellen auf eine Servierplatte legen, um sie herum den Kohl anrichten und als Garnierung die Zitronenscheiben daraufsetzen.

FISCHTOPF

ROSEMARY WILSON

ILLUSTRATION: **CHRISTINE SIMPSON**

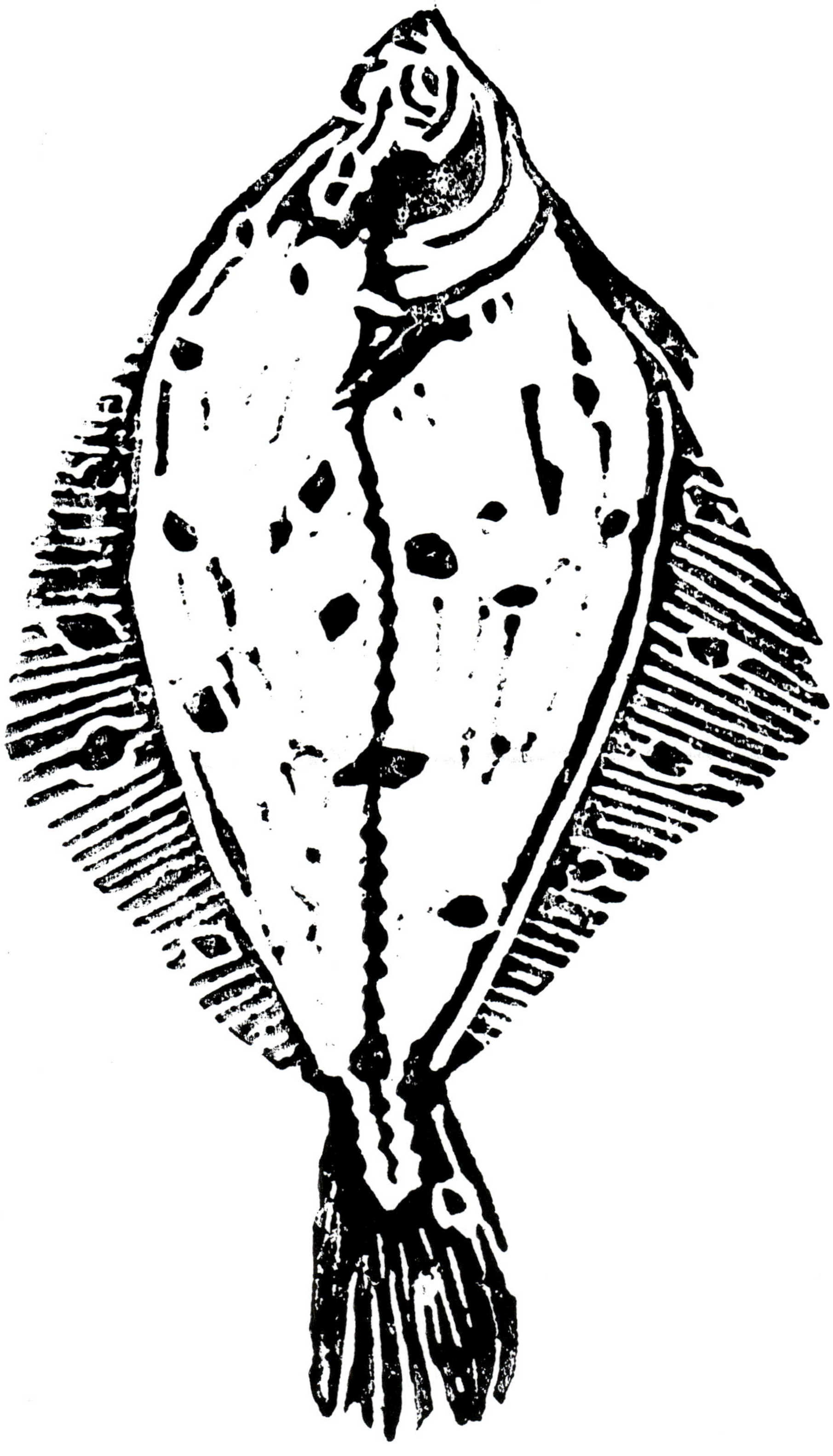

Für 4 Personen

4 Schollenfilets
1/8 Liter Sahne
2 Gervais-Käse
Etwas Schnittlauch
125 Gramm frische Garnelen (auch konserviert oder tiefgefroren)

Die Schollenfilets in ein feuerfestes Gefäß legen. Sahne und Käse zu einer dicken Paste vermischen und über den Fisch ziehen. Schnittlauch schneiden und Garnelen schälen. Den Fisch mit Pergamentpapier abdecken, damit er nicht austrocknet. Bei 170°C (Gasherd Stufe 2) 10 Minuten auf mittlerer Schiene in den Backofen schieben. Dann die Temperatur auf 190°C (Gasherd Stufe 3) heraufschalten und die Filets weitere 10 Minuten garen. Das Pergamentpapier entfernen. Garnelen und Schnittlauch auf dem Fisch verteilen und das Gericht noch einmal 3 bis 5 Minuten in den Backofen stellen.
Mit Kartoffeln und Salat servieren.

PIKANTE HERINGE

JOANNE BROGDEN

6 dicke, frische Heringe
1 Dessertlöffel brauner Zucker
2 große Zwiebeln
4 Lorbeerblätter
6 Nelken
6 Korianderfrüchte, nach Geschmack auch mehr
12 schwarze Pfefferkörner, grob zerstoßen
3/8 Liter Apfelessig

Die Köpfe der Heringe direkt hinter den harten seitlichen Kiemen und oberhalb der Flossen abtrennen. Gleichzeitig sollte ein Teil der Innereien herausgezogen werden. Die Fische aufschneiden und vollständig ausnehmen. Rogen, sofern vorhanden, nicht entfernen.
Die Heringe unter fließendem kaltem Wasser waschen, dann in eine flache feuerfeste Form oder einen Schmortopf legen und mit dem Zucker bestreuen. Die Zwiebeln abziehen, in dünne Scheiben schneiden und die Ringe trennen. Dekorativ auf den Fischen verteilen. Die anderen Kräuter und Gewürze hinzufügen. Dann den angewärmten Apfelessig darübergießen.
Das Gefäß mit einem Deckel oder Alufolie abdecken und bei schwacher Temperatur (150–170°C bzw. Gasherd Stufe 1–2) mindestens 1 1/2 Stunden in den Backofen schieben. Je länger der Fisch gart, desto besser schmeckt er und um so weicher sind die Gräten.

MOULES ST. JACQUES

JOANNE BROGDEN

Ein köstliches und reizvoll aussehendes Gericht für all jene, die eine Schwäche für Schaltiere und die Normandie haben. Das eine ist eine liebevolle Reminiszenz an das andere.
Die beste Zeit für Miesmuscheln ist die von Oktober bis März. Gegart sind sie orange wie eine Melone und kommen mit frischer grüner Petersilie wunderbar zur Geltung.

Für 4 Personen

250 Gramm Garnelen
3 Kilogramm Miesmuscheln
3 Schalotten oder kleine Zwiebeln
1 Kilogramm Kartoffeln
Ein Stück Butter
Milch
1 großes Glas Muskatellerwein
2 Lorbeerblätter oder
1 bouquet garni
125 bis 175 Gramm kleine Champignons
1 kleines Bund Petersilie, gehackt

Sauce

40 Gramm Butter
40 Gramm Mehl
3/8 Liter Garnelenessenz und Muschelsud (siehe Rezept)
3 Eßlöffel Sahne

Garnelen schälen und die Köpfe abdrehen, die Schalen mit 1/4 Liter Wasser im geschlossenen Topf leise kochen, um eine Essenz (stark eingekochte Brühe) herzustellen. Das Fleisch zum späteren Gebrauch beiseite stellen.
In der Zwischenzeit die Muscheln in kaltem Wasser waschen und mit einem kleinen Küchenmesser säubern. Kleine Seepocken, sofern vorhanden, entfernen, die Bärte mit einem Ruck abreißen. Muscheln, die beschädigt sind oder sich nicht schließen, wenn man mit dem Messer kräftig daraufklopft, ebenfalls wegwerfen. Dann jede glänzende »Black Beauty« in eine Schüssel mit frischem Wasser legen.
Die Schalotten schälen und in Scheiben schneiden.
Kartoffeln schälen, garen und mit Butter und etwas Milch pürieren. Bis zum Gebrauch warm stellen.
Die Schalottenscheiben in einem großen, geschlossenen Topf bei schwacher Hitze in Butter weich werden lassen. Dann den Wein hineinrühren, Lorbeerblätter oder »bouquet garni« hinzufügen und schließlich die abgetropften Muscheln. Den Deckel wieder auflegen und die Muscheln dämpfen; in sehr kurzen Abständen kontrollieren. Während sie sich öffnen, geben sie ihren Saft in die Garflüssigkeit ab. Mit einem Holzlöffel rühren, damit sie gleichmäßig garen. Sollte der Topf nicht groß genug sein, müssen die Muscheln in mehreren Portionen gegart werden. Nachdem sie sich geöffnet haben, noch 3 Minuten dämpfen.
Die Muscheln aus dem Topf in eine Schüssel heben. Mit einer leeren Schale – wie mit einer Zange – das Fleisch aus den Muscheln lösen und in ein Gefäß geben. Schalen und alle Muscheln, die sich nicht geöffnet haben, wegwerfen. Die Essenz mit etwas Muschelsud auf 3/8 Liter Flüssigkeit auffüllen.
Dann die Sauce zubereiten. Die Butter zerlassen und das Mehl einige Minuten vorsichtig anschwitzen. Von der Kochstelle nehmen, dann unter ständigem Rühren nach und nach die Mischung aus Muschelsud und Garnelenessenz dazugeben. Den Topf wieder auf die Kochstelle setzen und die Flüssigkeit unter ständigem Rühren einkochen lassen, damit eine dicke Sauce entsteht.
Zum Schluß die Sahne hinzufügen.
Muscheln und Garnelen zusammen mit den Champignonscheiben zum Erhitzen hineingeben, aber nicht zu lange garen.
Den Kartoffelbrei auf den Rand einer vorgewärmten Servierplatte spritzen und in die Mitte Muscheln, Garnelen und Pilze schöpfen. Das Gericht kann auch portionsweise in Schalen von Jakobsmuscheln oder Porzellanmuscheln serviert werden.
Zum Schluß mit Petersilie garnieren und einen trockenen Weißwein dazureichen.
Anmerkung: Die gegarten Muscheln in der Sauce lassen sich in einem fest verschlossenen Kunststoffbehälter bis zum Gebrauch auch im Gefriergerät aufbewahren.

GARNELEN UND CASHEWNÜSSE IN HERZHAFTER SAUCE

DAN FERN

Für 2–4 Personen

500 Gramm Garnelen (große Shrimps)
2 Eßlöffel Maisstärke
3 Eßlöffel Weinessig
Salz
2 Eßlöffel Sojasauce
5 Teelöffel Zucker
4 Knoblauchzehen, zerdrückt
1 ½ Eßlöffel feingehackte Ingwerwurzel
⅜ Liter Öl
125 Gramm Cashewnüsse
2 Eßlöffel gehackte Frühlingszwiebeln (nur die weißen Teile)

Die Garnelen schälen, waschen und trockentupfen. Dünn mit Maisstärke überziehen und in einer Schüssel aufbewahren. Weinessig, Salz, Sojasauce und Zucker in einer Schüssel vermischen, in eine andere zerdrückten Knoblauch und Ingwer geben. Beide Gefäße beiseite stellen.
Das Öl in einem Wok erhitzen und die Nüsse hinzufügen. Braun werden lassen, herausheben und aufbewahren. Die Garnelen im Wok etwa 2 Minuten rasch unter Rühren fritieren, dann mit einem Schaumlöffel herausnehmen.
Das Öl bis auf 2 Eßlöffel abgießen. Ingwer, Knoblauch und Frühlingszwiebeln darin rasch unter Rühren braten, anschließend die Essigmischung hinzufügen. Wenn sie kocht, die Garnelen dazugeben. Sind sie gut überzogen, herausheben und mit den Cashewnüssen mischen. Sehr heiß mit gebratenem Reis servieren.

KLEINE KNUSPERFISCHE

Dieses Gericht wurde im 19. Jahrhundert auf der Isle of Wight häufig Besuchern serviert. Dazu gab es dünne Scheiben Mischbrot und Butter, Brunnenkresse und englische Sauce (hollandaise), aber nie Pommes frites oder irgendwelche Kartoffeln anderer Art …

ILLUSTRATION: **CAREL WEIGHT**

4 kleine Merlane oder Flundern
8 kleine Heringe
4 sehr kleine Makrelen
½ Liter Ausbackteig
125 Gramm gegarte, geschälte Garnelen oder das Fleisch ½ Hummers
Öl
1 Zitrone, in 8 dünne Scheiben geschnitten

Die Fische säubern, Köpfe und Schwanzstücke entfernen. Den gut verrührten Ausbackteig in ein flaches Gefäß gießen, die Fische hineinlegen und wenden, bis alle dünn mit Teig überzogen sind. Mit Garnelen- oder Hummerfleisch ebenso verfahren, aber getrennt aufbewahren.
Die Fische können nach Belieben fritiert oder gebraten werden. Man muß jedoch Öl verwenden, da sie in Butter nicht knusprig genug werden.
Das Öl zuerst sehr heiß werden lassen (etwa 200° C), dann die Fische hineingeben und sehr knusprig und braun fritieren. Garnelen- oder Hummerfleisch auf einer Seite des Topfes hinzufügen, aber nur 2 bis 3 Minuten fritieren; länger gegart, wird es hart.
Fische und Fleisch auf eine vorgewärmte Platte heben und, mit Zitronenscheiben garniert, sofort servieren.

Bouquet Rouge

ROBERT GOODDEN

Variation eines Rezepts von Christopher Muir

Für 4 Personen

1 große grüne Paprikaschote
500 Gramm Tomaten
500 Gramm Champignons
1 Würfel Hummersuppe
1/4 Liter Sahne
250 Gramm gegarte und geschälte Garnelen
5/8 Liter Wasser
1/2 Teelöffel Salz
250 Gramm amerikanischer Langkornreis
90 Gramm Butter

Paprika, Tomaten und Champignons in Scheiben schneiden und leicht braten. Hummersuppenwürfel und etwas Sahne zu einer Paste verrühren, dann die restliche Sahne unterrühren und die Mischung unter ständigem Rühren erhitzen, bis sie dampft, aber noch nicht kocht. Die gebratenen Gemüse untermengen und unter gelegentlichem Rühren 20 Minuten köcheln lassen. Den Topf von der Kochstelle nehmen, die Garnelen hinzufügen, dann zum Abkühlen beiseite stellen.
Während die Mischung noch köchelt, das gesalzene Wasser zum Kochen bringen, den Reis hineinrühren und zugedeckt 20 Minuten garen (oder bis der Reis »al dente« ist). Gelegentlich umrühren. Von der Kochstelle nehmen und etwa 5 Minuten zurückstellen, bis das Wasser vollständig aufgenommen ist. Den Reis in eine tiefe Schüssel geben, Butterflöckchen daraufsetzen und ihn dann in den kalten Backofen setzen, bis die Butter den Reis durchdrungen hat. Ganz abkühlen lassen und kalt mit den Garnelen servieren.

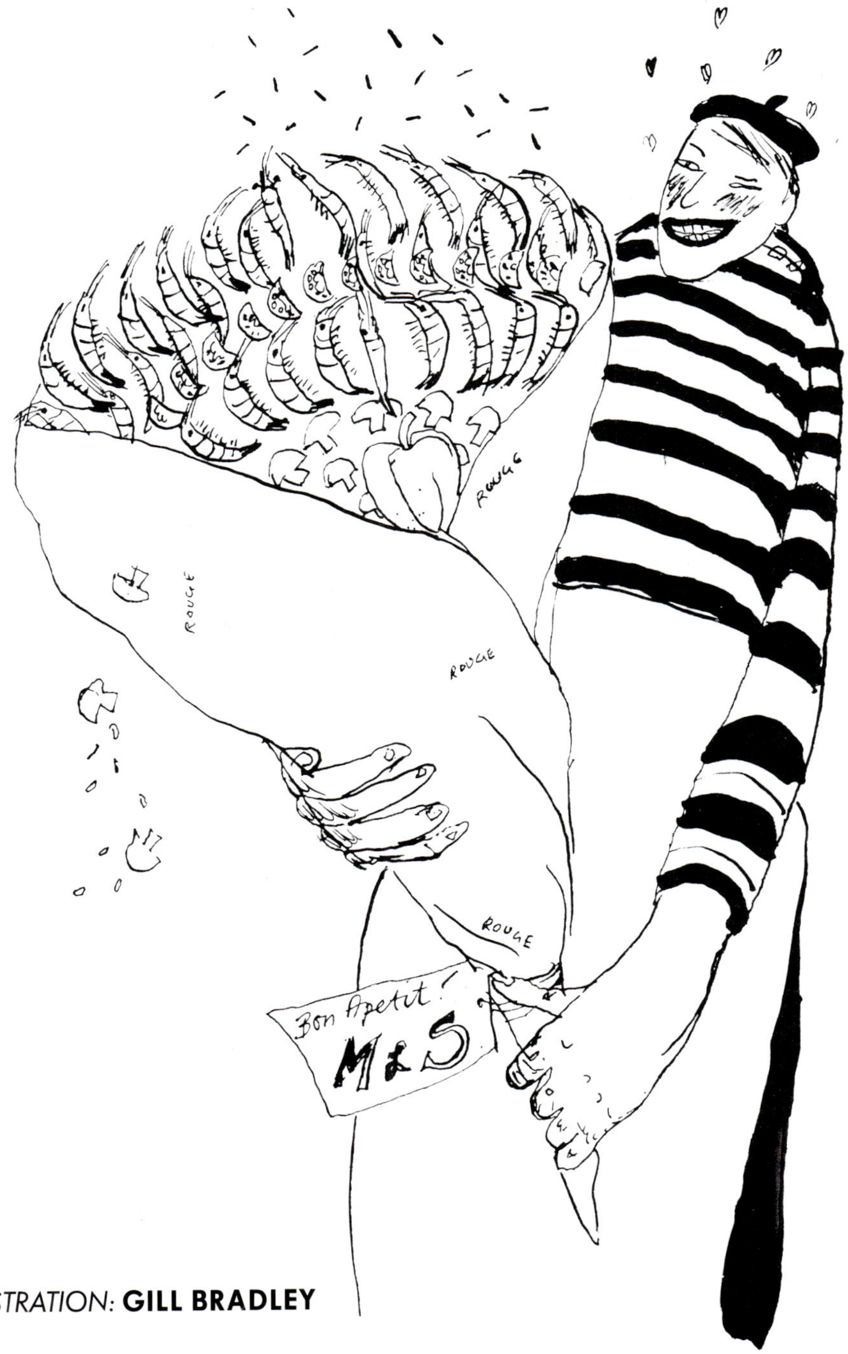

ILLUSTRATION: **GILL BRADLEY**

MOULES MARINIÈRE

JOHN BELLANY

Für 6 Personen

5 Kilogramm frische Miesmuscheln
60 Gramm Butter
4 Schalotten, gehackt
Einige Stengel Petersilie
1 Stengel Thymian
1 Lorbeerblatt
Frisch gemahlener schwarzer Pfeffer
¼ Liter Weißwein
1 Eßlöffel Mehl

Die Muscheln gut bürsten, dann in einem Durchschlag abtropfen lassen. Die Hälfte der Butter in einem großen Topf zerlassen und die Schalotten vorsichtig braten, bis sie weich, aber noch nicht gebräunt sind. Kräuter, Pfeffer und Wein hinzufügen, zuletzt die Muscheln. Mit aufgelegtem Deckel rasch garen, dabei den Topf ständig schütteln, damit sie sich öffnen – das dauert etwa 5 Minuten. Alle jetzt noch geschlossenen Muscheln wegwerfen.
Die Muscheln mit einem Schaumlöffel aus dem Topf heben und die leeren Hälften der Schalen wegwerfen.
Die Muscheln in eine vorgewärmte Servierschüssel geben und warm stellen.
Den Sud rasch auf etwa die Hälfte einkochen lassen, dann durch ein Sieb in einen sauberen Topf gießen. Die restliche Butter und das Mehl zu einer glatten Paste verrühren und teelöffelweise in den leise kochenden Sud geben. Diesen unter ständigem Rühren köcheln lassen, bis eine glatte, dicke Sauce entstanden ist. Über die Muscheln gießen und gehackte Petersilie darüberstreuen.

HUMMER THERMIDOR

2 mittelgroße Hummer, je gut 1 Kilogramm schwer
Einige Tropfen Olivenöl
2 Schalotten, feingehackt
Einige Stengel Petersilie
1 Stengel Estragon
Einige Stengel Kerbel
¼ Liter Weißwein
40 Gramm Butter
30 Gramm Mehl
¼ Liter Milch
2 Teelöffel französischer Senf
4 Eßlöffel Sahne
Pfeffer
300 Gramm geriebener Parmesankäse

Die Hummer halbieren, Mägen und schwarze Därme entfernen und wegwerfen. Das Fleisch aus den Schalen lösen und mit dem Scherenfleisch beiseite stellen.
Die Hummerschalen aufbewahren und mit dem Olivenöl polieren.
Schalotten, Petersilie, Estragon und Kerbel sowie Wein in einen Topf geben. Ohne den Deckel aufzulegen, den Wein bei mittlerer Hitze auf etwa 4 Eßlöffel einkochen lassen.
In einem zweiten Topf die Butter zerlassen, das Mehl hineinrühren und etwa 1 Minute anschwitzen. Nach und nach die Milch hinzufügen und zum Kochen bringen, während ununterbrochen gerührt wird. Die Temperatur herunterschalten und Senf, abgesiebten Wein und Sahne hineinrühren. Schließlich das Hummerfleisch untermischen, vorsichtig erhitzen und dann mit Pfeffer abschmecken. Das Hummerfleisch wieder in die Schalen füllen und mit dem Käse bestreuen. Dann noch einige Minuten unter den heißen Grill stellen.

TARTE TATIN

Mürbeteig
1 Kilogramm Äpfel (Golden Delicious)
Saft einer Zitrone
100 Gramm Zucker

Den Teig mindestens 30 Minuten kalt stellen.
Die Äpfel schälen, halbieren und nach Entfernen des Kerngehäuses mit dem Zitronensaft einreiben.
Den Backofen auf 190° C (Gasherd Stufe 3) vorheizen.
In einem schweren Topf den Zucker mit 2 Eßlöffeln Wasser vorsichtig erhitzen, bis ein tiefbrauner Sirup (Karamel) entstanden ist. Von der Kochstelle nehmen.
Sobald der Karamel nicht mehr blubbert, in ein ofenfestes Gefäß gießen. Dieses drehen, bis der Boden gleichmäßig überzogen ist.
Die Apfelhälften aufrecht und in sich überlappenden Kreisen auf den Karamel setzen. Auf der unteren Schiene 20 Minuten in den Backofen schieben, dann etwas abkühlen lassen, damit sich der Dampf verflüchtigen kann.
Den gekühlten Teig in Größe des Gefäßes ausrollen und auf einem Backblech 15 Minuten kalt stellen, damit er fest wird. Den Teig auf die Äpfel legen, die vollkommen bedeckt sein müssen. Mehrmals mit einer Gabel einstechen und 20 Minuten backen, das heißt, bis er hellgoldbraun ist. Aus dem Backofen nehmen und warten, bis der Kuchen nur noch lauwarm ist. Dann eine vorgewärmte Servierplatte umgekehrt daraufsetzen.
Den Kuchen stürzen und nach Abziehen des Gefäßes sofort servieren.

POISSONS SAUCE DIEPPOISE À L'OMBRE D'UN CHAPEAU

ALAN UND VALERIE COULDRIDGE

Laden Sie fünf Gäste ein und bestehen Sie darauf, daß sie ihre schönsten Hüte aufsetzen.

1 Kilogramm lebende Muscheln
Weißwein
1 große Seezunge, filetiert, enthäutet und in Streifen geschnitten
Courtbouillon
250 Gramm Rotbarsch, Heilbutt oder Seeteufel, in Streifen geschnitten
125 Gramm Champignons
Butter
Salz und Pfeffer
Zitronensaft
Eine 23 cm große vol-au-vent (Pastetenhülle) mit Deckel, aus 500 Gramm Blätterteig hergestellt
1 gegarter Hummer, das Fleisch in große Würfel geschnitten
250 Gramm gegarte und geschälte Garnelen
1 rote Paprikaschote, gegrillt, abgezogen und in Streifen geschnitten
3 Eigelb
1/8 Liter Sahne
Ein Spritzer Pernod
Petersilie

Velouté (weiße Grundsauce)

30 Gramm Butter
2 Eßlöffel Mehl
1/2 Liter Fischbrühe, aus Fischabfällen gekocht

Geöffnete Muscheln in Weißwein dämpfen, den Sud durch ein Sieb abgießen und zurückstellen. Zuerst die Seezunge, dann den Rotbarsch, Heilbutt oder Seeteufel in der Courtbouillon garziehen lassen. Champignons mit Salz, Pfeffer und Zitronensaft in Butter garen und zurückstellen.
Aus Butter, Mehl und Brühe eine Sauce Velouté zubereiten. Muschelsud und Garflüssigkeit der Pilze dazugeben. 40 Minuten köcheln lassen und abschöpfen.
Die Pastetenhülle erwärmen, Meeresfrüchte und Gemüse in der Sauce erhitzen. Das Eigelb mit dem Saft 1 Zitrone und Sahne vermischen.
In den Eintopf geben und vorsichtig heiß werden lassen.
Einen Spritzer Pernod hinzufügen, abschmecken und die Mischung in die warme Pastetenhülle schöpfen.
Den Deckel aufsetzen und mit Petersilie garnieren.

COQUILLES ET POIREAUX À LA MORNAY GRATINÉS

ANNE TYRRELL

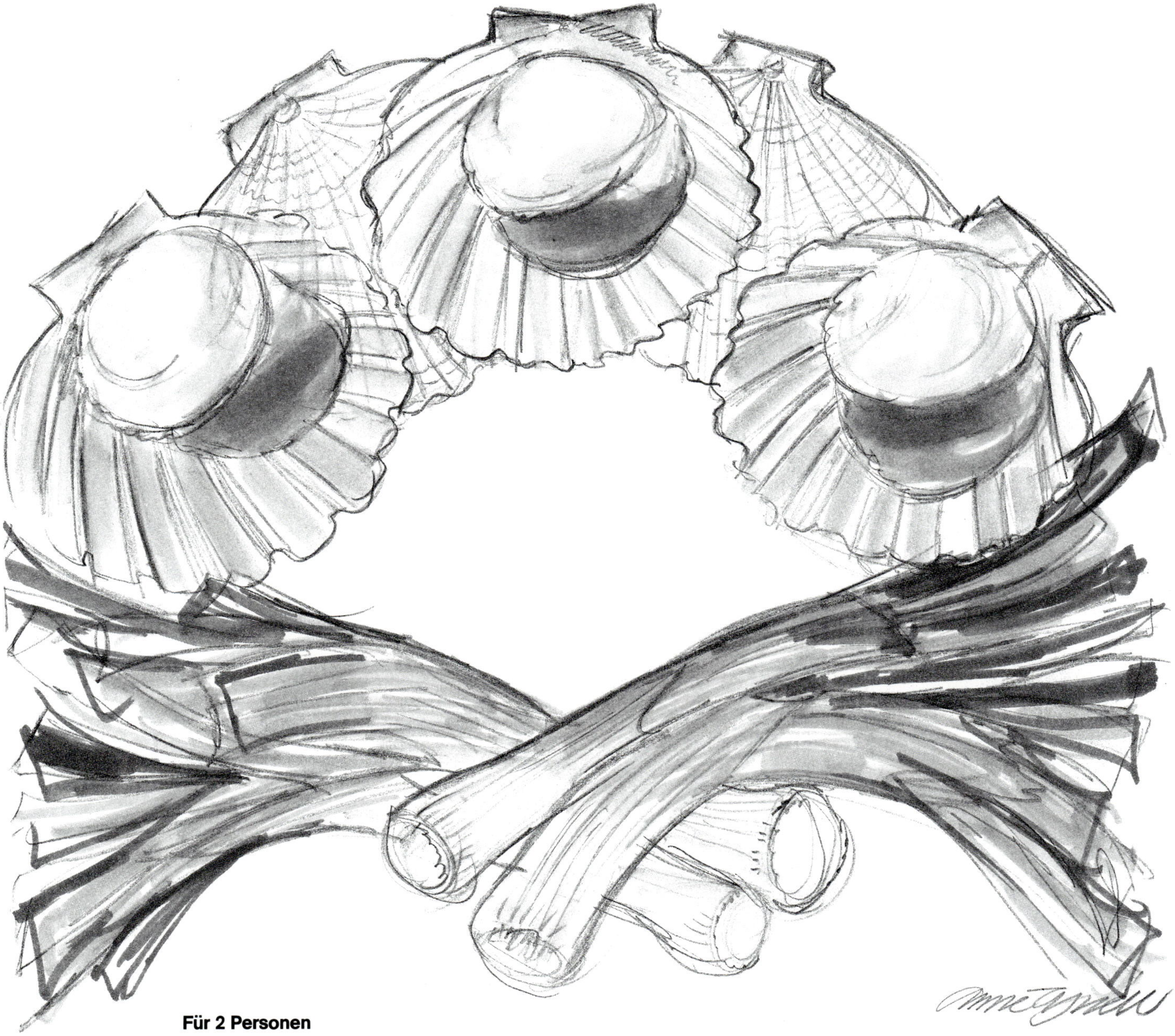

Für 2 Personen

8 Stangen Porree
8 Jakobsmuscheln
1/4 Liter trockener Weißwein
1/2 Lorbeerblatt
Gehackte Frühlingszwiebeln
Salz und Pfeffer
30 Gramm Butter
30 Gramm Mehl
Sahne
Grobgeriebener Emmentaler-Käse
Feingeriebener Parmesankäse

Porree gründlich putzen und in dünne Scheiben schneiden. In sprudelnd kochendem Salzwasser garen, bis er weich, aber noch knackig und grün ist. Abtropfen lassen und auf zwei Gratinformen verteilen.
Die Jakobsmuscheln säubern. Weißwein, Lorbeerblatt, gehackte Frühlingszwiebeln, Salz und Pfeffer in einen Topf geben und 5 Minuten köcheln lassen, dann die Jakobsmuscheln hinzufügen. Mit aufgelegtem Deckel 5 Minuten leise kochen. Die Muscheln herausnehmen und auf den Porree legen.
Die Weinmischung durch ein Sieb gießen und beiseite stellen.
Aus zerlassener Butter und Mehl eine Mehlschwitze herstellen. Etwas Sahne dazugeben und ununterbrochen rühren, bis die Sauce dick wird. Mit Salz und Pfeffer abschmecken, dann den geriebenen Käse hinzufügen.
Die Käsesauce in die Gratinformen über Porree und Muscheln gießen. Noch etwas Parmesankäse darüberstreuen und die Formen für einige Minuten in den heißen Backofen stellen, dann zum Bräunen unter den heißen Grill setzen.

SEETEUFEL AM SPIESS

QUENTIN BLAKE

Der Seeteufel ist in England sehr beliebt, und auf den Speisekarten der Restaurants steht dieses Gericht als Seeteufelkebab oder »lotte en brochette«. Der Seeteufel ist auch mit dem »coda di rospo« identisch, den man auf venezianischen Speisekarten manchmal, wörtlich übersetzt, als »Krötenschwanz« findet. Darüber hinaus steht er im Ruf, in Verkleidung aufzutauchen, wenn Scampi oder Hummer gerade nicht zur Verfügung stehen.

Das Fleisch von der knorpeligen Wirbelsäule ablösen, was einfach ist, da keine anderen Gräten vorhanden sind. Es bleiben zwei Fleischstreifen, die sich gut in für Spieße geeignete Stücke schneiden lassen. Dann abwechselnd Fischstücke, Champignons und in Olivenöl getauchte Brotquadrate sowie zusammengelegte Scheiben durchwachsenen Frühstücksspecks auf die Spieße stecken. 10 bis 15 Minuten unter den Grill setzen – diese Zeit reicht aus, damit der Fisch gart und Brot und Speck knusprig werden. Das feste Fleisch des Seeteufels eignet sich ausgezeichnet für Spieße. Auch Jakobsmuscheln lassen sich auf diese Weise gut zubereiten.

GEFLÜGEL UND WILD

PAKISTANISCHES TANDOORI-HUHN

AZIZ R. KHAN

ILLUSTRATION: **SUE HILTON**

2 kleine Hühner, zerlegt

Marinade

1 Becher Joghurt
1 große Zitrone, ausgepreßt
2 gestrichene Teelöffel Salz
4 Eßlöffel Öl
4 gestrichene Teelöffel Tandoori-Gewürzmischung (in Spezialitätengeschäften und -abteilungen erhältlich)

Mit einem scharfen Messer das Hühnerfleisch tief einschlitzen. Alle Zutaten für die Marinade vermischen und über das Fleisch gießen. Darauf achten, daß alle Stücke gut überzogen werden. Abgedeckt über Nacht in den Kühlschrank stellen.
Die Hühnerteile bei mäßiger Hitze auf jeder Seite 15 Minuten grillen, bis das Fleisch gar ist.
Mit Kopfsalat, in Scheiben geschnittenen Tomaten und Zwiebeln oder Frühlingszwiebeln servieren.

EINFACHER HÜHNERSCHMORTOPF MIT PIKANTEN KARTOFFELN

SYBIL WALDOCK

ILLUSTRATION: **ANDREW DAVIDSON**

Für 4 Personen

Schmortopf

4 Hühnerteile
1 große Packung gemischtes Tiefkühl-Gemüse mit Mais
1 Knoblauchzehe (oder nach Belieben)
Salz und Pfeffer
1 Dose konzentrierte klare Hühnerbrühe

Die Hühnerteile in einen Schmortopf legen und das Gemüse um sie herum verteilen. Den Knoblauch mit einer Prise Salz zerdrücken und die Suppe damit würzen. Falls notwendig, noch etwas Salz und Pfeffer dazugeben. Die Brühe über die Hühnerteile gießen, den Schmortopf mit einem Deckel oder Alufolie abdecken und auf mittlerer Schiene bei 190°C (Gasherd Stufe 3) 1 ½ Stunden in den Backofen schieben. 30 Minuten vor Ende der Garzeit die Folie abnehmen.

Kartoffeln

700 Gramm Kartoffeln
Salz und Pfeffer
1 kleine Zwiebel
¼ Liter Milch
15 Gramm Butter oder Margarine
30 Gramm feingeriebener Käse

Die Kartoffeln schälen und in dünne Scheiben schneiden, dann in einer eingefetteten flachen, feuerfesten Form verteilen. Salzen und pfeffern. Die feingehackte Zwiebel auf den Kartoffeln verteilen und die Milch dazugießen. Butter- oder Margarineflöckchen daraufsetzen und den geriebenen Käse darüberstreuen. Mit Alufolie abdecken und die Kartoffeln zusammen mit dem Hühnerschmortopf im Backofen garen. 15 Minuten vor Ende der Garzeit die Folie entfernen.

WATERZOOI MIT BRATHÄHNCHEN ODER – NOCH BESSER – MIT PERLHUHN

DOMINIC DE GRUNNE

ILLUSTRATION: **HANNAH FIRMIN**

(Ein flämisches Gericht, das nichts mit Waterloo zu tun hat.)

Zwiebeln
Porree
Bleichsellerie
Butter
Brathähnchen oder Perlhuhn
Rinder- oder Kalbsbrühe
Gewürze nach Geschmack
Lorbeerblatt und Thymian
oder 1 bouquet garni
(Gewürzkräuterstrauß)
2 oder 3 Eigelb
Frische Sahne

Zwiebeln, Porree und Sellerie in Scheiben schneiden. In einen Schmortopf geben und 10 Minuten vorsichtig in Butter braten.
Hähnchen oder Perlhuhn auf allen Seiten anbraten.
Etwas Rinder- oder Kalbsbrühe über das Gemüse gießen. Gewürze sowie Lorbeerblatt und Thymian (oder »bouquet garni«) hinzufügen. Das Huhn daraufsetzen, so daß es bequem auf dem Gemüsebeet ruht.
Mit aufgelegtem Deckel bei schwacher Hitze – je nach Größe 30 bis 40 Minuten – garen. Während dieser Zeit das Huhn ein- oder zweimal drehen.
In der Zwischenzeit das Eigelb schlagen und gut mit der Sahne verrühren, dann etwas salzen und pfeffern.
Wenn das Huhn weich ist, aus dem Schmortopf nehmen, zerlegen und warm halten.
Kurz vor dem Servieren ein Stück Butter in eine vorgewärmte Terrine oder große, tiefe Schüssel geben und die Eiermasse hinzufügen.
Sehr langsam die Garflüssigkeit aus dem Schmortopf dazugießen, dabei ununterbrochen rühren.
Die gegarten Gemüse in die Schüssel füllen und die Hühnerteile darauf anrichten.
Sehr heiß mit gekochtem Reis und dick mit Butter bestrichenem Bauernbrot servieren.

Huhn in Joghurt

MARGARET CASSON

(Einen Dampfdrucktopf verwenden.)

ILLUSTRATION: **HUGH CASSON**

Für 6 Personen

3 Eßlöffel Butter
1 Huhn (900–1300 Gramm), in Portionsstücke zerlegt
1 mittelgroße Zwiebel
1 Knoblauchzehe
1 Eßlöffel Mehl
Rosmarin und Estragon nach Geschmack
½ Liter Hühnerbrühe
2 Eigelb
5 Eßlöffel Joghurt
2 Teelöffel Zimt
Gehackte Mandeln
Paprika

2 Eßlöffel Butter im Dampfkochtopf zerlassen und die Hühnerteile anbraten, herausnehmen und warm halten. Dann gehackte Zwiebel und Knoblauchzehe anbraten. Wenn sie glasig sind, die Hühnerteile wieder in den Topf legen und mit dem Mehl bestreuen. Die Gewürze vermischen und hinzufügen, dann die Hühnerbrühe dazugießen. Den Deckel aufsetzen, den Druck stark erhöhen und das Huhn 10 Minuten garen.
Das Hühnerfleisch in einen Schmortopf geben und die Garflüssigkeit im Drucktopf auf die Hälfte einkochen lassen. Dann abschmecken und zu dem in einer Schüssel verquirlten Eiweiß geben. Den Joghurt in eine zweite Schüssel füllen und den Zimt hineinrühren. Die Eiermasse über das Huhn gießen, dann den Joghurt darüberschöpfen. Mit gehackten Mandeln und Paprika bestreuen.

Täubchen mit Weintrauben

DOMINIC DE GRUNNE

ILLUSTRATION: **GREGG BECKER**

Pro Person ein dickes Täubchen auswählen. Mit Weintrauben füllen (mit hellen, roten oder beiden – Muskatellertrauben schmecken besonders gut). Dann mit durchwachsenem Speck umwickeln und einige Minuten in Butter anbraten. Ein paar zerdrückte Trauben dazugeben, um etwas mehr Flüssigkeit zu erhalten, und einige ganz hinzufügen. Die Täubchen bei schwacher Hitze 30 bis 40 Minuten braten, dabei ein- oder zweimal umdrehen, damit sie gleichmäßig garen. Mit Fadennudeln und extrafeinen Erbsen servieren. Wenn frische Erbsen nicht erhältlich sind, Dosenware verwenden.

PERLHUHN MIT WEINTRAUBEN

MAXIME ADAM-TESSIER

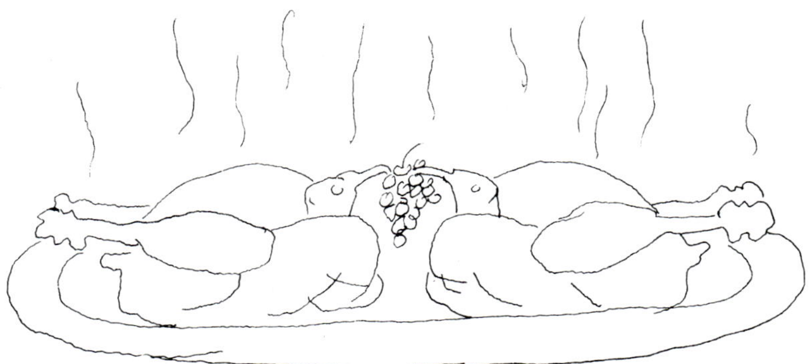

LES PINTADES VENDANGEUSES

2 PINTADES
3 CUILLERES A SOUPE DE COGNAC
1 Kg DE RAISIN A GROS GRAINS (BLANC)

Faire revenir les pintades dans une cocotte avec très peu de beurre.
Les flamber au cognac
Presser 1/3 du Kg de raisin, verser le jus de raisin sur les pintades - Cuire à feu doux environ une heure
Enlever la peau et les grains des raisins qui restent les mettre dans la cocotte vingt minutes avant la fin de la cuisson pour lier la sauce.
Servir les pintades avec du riz blanc -
La sauce avec les raisins à part -. BON APPETIT!

2 Perlhühner
Butter
3 Eßlöffel Cognac
1 ½ Kilogramm große helle Trauben

Die Perlhühner mit etwas Butter in einem Schmortopf anbraten. Dann den Cognac darübergießen und flambieren. Ein Drittel der Weintrauben entsaften. Den Saft über die Perlhühner geben und diese mit aufgelegtem Deckel bei schwacher Hitze etwa 1 Stunde garen. Die restlichen Weintrauben enthäuten und entkernen. 20 Minuten vor Ende der Garzeit in den Schmortopf geben, um die Sauce anzudicken.
Die Perlhühner mit gekochtem Reis servieren, die Weintraubensauce getrennt reichen. Bon appétit!

VERFÜHRUNGSDINNER

CHRIS ORR

Für 2 Personen

Hühnerbrust

2 Hühnerbruststücke, enthäutet
Estragon
Butter
1 Glas Weißwein
1/8 Liter Sahne

Pikante Kartoffeln nach Chris Orr

1 Kilogramm Kartoffeln
Olivenöl
3 Teelöffel gemahlener Kreuzkümmel

Bohnen und Thunfisch de luxe

1 Dose rote Kidneybohnen
1 kleine Zwiebel
2 Knoblauchzehen
1 Dose Thunfisch in Öl
Olivenöl
Zitronensaft
Pfeffer
Frische Minzeblätter

Gemischter Salat

Brunnenkresse
Einige Möhren, geraspelt
Einige junge Stangen Porree, in Scheiben geschnitten
Endivie
1 gelbe Paprikaschote, in Streifen geschnitten
Walnüsse
Vinaigrette

A Seduction Dinner

Die Mahlzeit mindestens 1 Stunde bevor der/diejenige kommt, den/die Sie verführen möchten, vorbereiten. Die Dose mit den Kidneybohnen öffnen und abtropfen lassen. Zwiebel und Knoblauchzehen hacken und mit Thunfisch, Olivenöl, Zitronensaft und Pfeffer vermischen. In einer blau-weißen Schüssel anrichten und mit frischen Minzeblättern garnieren.
Kartoffeln schälen und garen. Wenn sie beinahe weich sind, in dicke Scheiben schneiden. Mit etwas Öl und Kreuzkümmel in eine Pfanne geben und braten, bis sie das Öl vollkommen aufgenommen haben und gleichmäßig gebräunt sind. Sie können warm oder kalt serviert werden.
Die Hühnerbrust in kleine Stücke schneiden, mit Estragon bestreuen und vorsichtig in Butter braten. Nach einigen Minuten den Wein hinzufügen und schließlich die Sahne. Ignorieren Sie dabei alle Bemerkungen Ihres Freundes von wegen des infarktfördernden »Materials«. Sagen Sie: »Ich bin dafür, den Moment zu genießen – vielleicht werden wir morgen sowieso überfahren.«
Der gemischte Salat bildet den krönenden Abschluß des Mahls. Geben Sie alle Zutaten hinein, die Ihnen in den Sinn kommen, denken Sie aber daran, daß die Farben harmonisch zusammenwirken sollten. Als besonders verführerisch würde ich die obige Zutatenliste empfehlen. Den Salat mit einer Sauce aus Olivenöl, Weißwein, Essig und Dijon-Senf anmachen.

*P*OLLO AMONTILLADO

DUNCAN OPPENHEIM

Für 2 Personen

2 Hühnerbruststücke
1 Eßlöffel Öl
30 Gamm Butter
Salz
Pfeffer
1/8 Liter Amontillado (Sherry)
125 Gramm Champignons, in Scheiben geschnitten
1/8 Liter Sahne

Die Hühnerbrust häuten und entbeinen. Mit Pergamentpapier abdecken und draufhauen, als wären Sie Simson, der einen Philister erschlägt – nur daß ein Nudelholz hier wirkungsvoller ist als ein Eselsknochen.
Öl und Butter in einer Pfanne erhitzen. Die Hühnerbrust auf beiden Seiten anbraten. Salzen und pfeffern, den Deckel auflegen und das Fleisch vorsichtig braten, bis es gar ist. Herausnehmen und in einer Servierschüssel warm halten.
Den Sherry in die Bratpfanne gießen. Champignons und Sahne hinzufügen und die Sauce etwas einkochen lassen. Über die Hühnerbrust gießen und servieren.

HAUSKANINCHEN IN WEISSWEIN

JOANNE BROGDEN

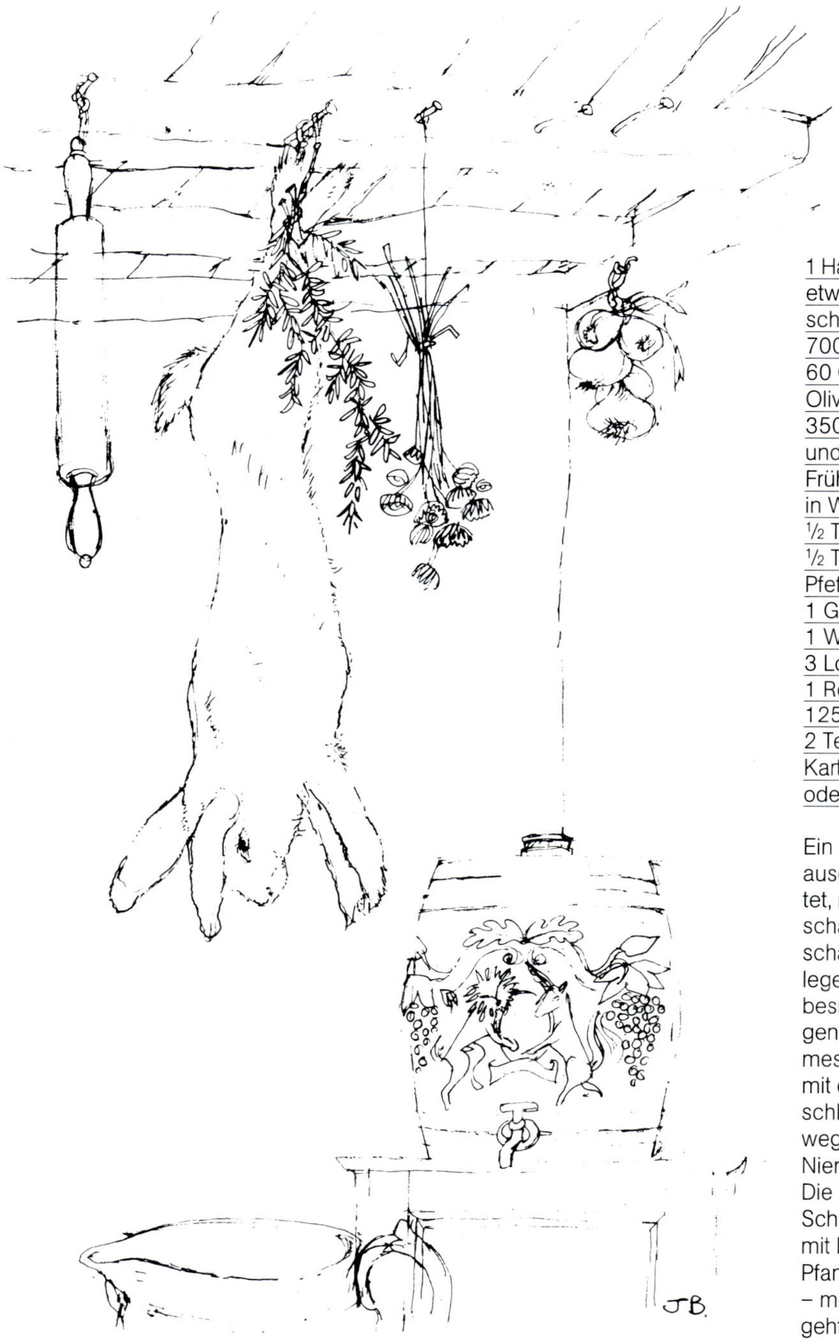

1 Hauskaninchen, etwa 1,4 bis 1,8 Kilogramm schwer
700 Gramm Zwiebeln
60 Gramm Butter und etwas Olivenöl
350 Gramm Schweinebauch und Reste von geräuchertem Frühstücksspeck, in Würfel geschnitten
½ Teelöffel Salz
½ Teelöffel grobgemahlener Pfeffer
1 Glas Weißwein (0,2 Liter)
1 Weinglas Hühnerbrühe
3 Lorbeerblätter
1 Rosmarinzweig
125 Gramm Champignons
2 Teelöffel Maisstärke, Kartoffelstärke oder Pfeilwurzmehl

Ein schönes Kaninchen, ausgenommen und enthäutet, mit einem kleinen scharfen Messer und einem scharfen Küchenbeil zerlegen. Wer kein Küchenbeil besitzt, kann für die knochigen Teile ein Tranchiermesser nehmen und kräftig mit einem Nudelholz daraufschlagen. Die Lungen wegwerfen, Leber, Herz und Nieren beiseite stellen.
Die Zwiebeln abziehen und in Scheiben schneiden, dann mit Butter und Öl in einer Pfanne weich werden lassen – mit aufgelegtem Deckel geht das sehr schnell. Einen vorgewärmten, ziemlich großen Schmortopf aus Porzellan, Glas oder Metall (emailliert) bereithalten.
In diesem die Zwiebeln verteilen, sobald sie goldgelb und weich sind.
Als nächstes Schweinebauch und Speck rasch braten, gerade so lange, bis sie heiß sind und überschüssiges Fett ausgebraten ist. Auf die Zwiebeln geben, salzen und pfeffern, dann die Kaninchenteile am besten nebeneinander darauflegen. Auch Kopf und Hals hinzufügen – dadurch erhält man eine wunderbare kräftige Brühe. Noch einmal etwas salzen und pfeffern. Den Weißwein (keine billige spanische oder italienische Sorte) und ein gutes Glas Hühnerbrühe über das Fleisch gießen. Reicht die Flüssigkeit nicht aus, kann man ohne weiteres mehr Weißwein oder Brühe dazugeben. Schließlich noch Lorbeerblätter und einen Zweig Rosmarin in den Topf legen.
Dann den Deckel auflegen und das Kaninchen 1½ Stunden garen. Nach 1 Stunde die Champignons hinzufügen. 10 Minuten vor dem Servieren die Sauce mit Maisstärke, Kartoffelstärke oder Pfeilwurzmehl binden.
Dazu etwas Flüssigkeit abnehmen und mit der Stärke zu einer glatten Paste verrühren. Mit einem spitzen Messer prüfen, ob das Fleisch gar ist, dann die Maisstärke in den Topf gießen und vorsichtig unterrühren.
Mit jungen Erbsen, Möhren und kleinen, im Ofen gebackenen Kartoffeln serviert, ist dies ein köstliches Gericht.

Hase en croûte

JOY LAW

ILLUSTRATION: **EMMA CHICHESTER-CLARK**

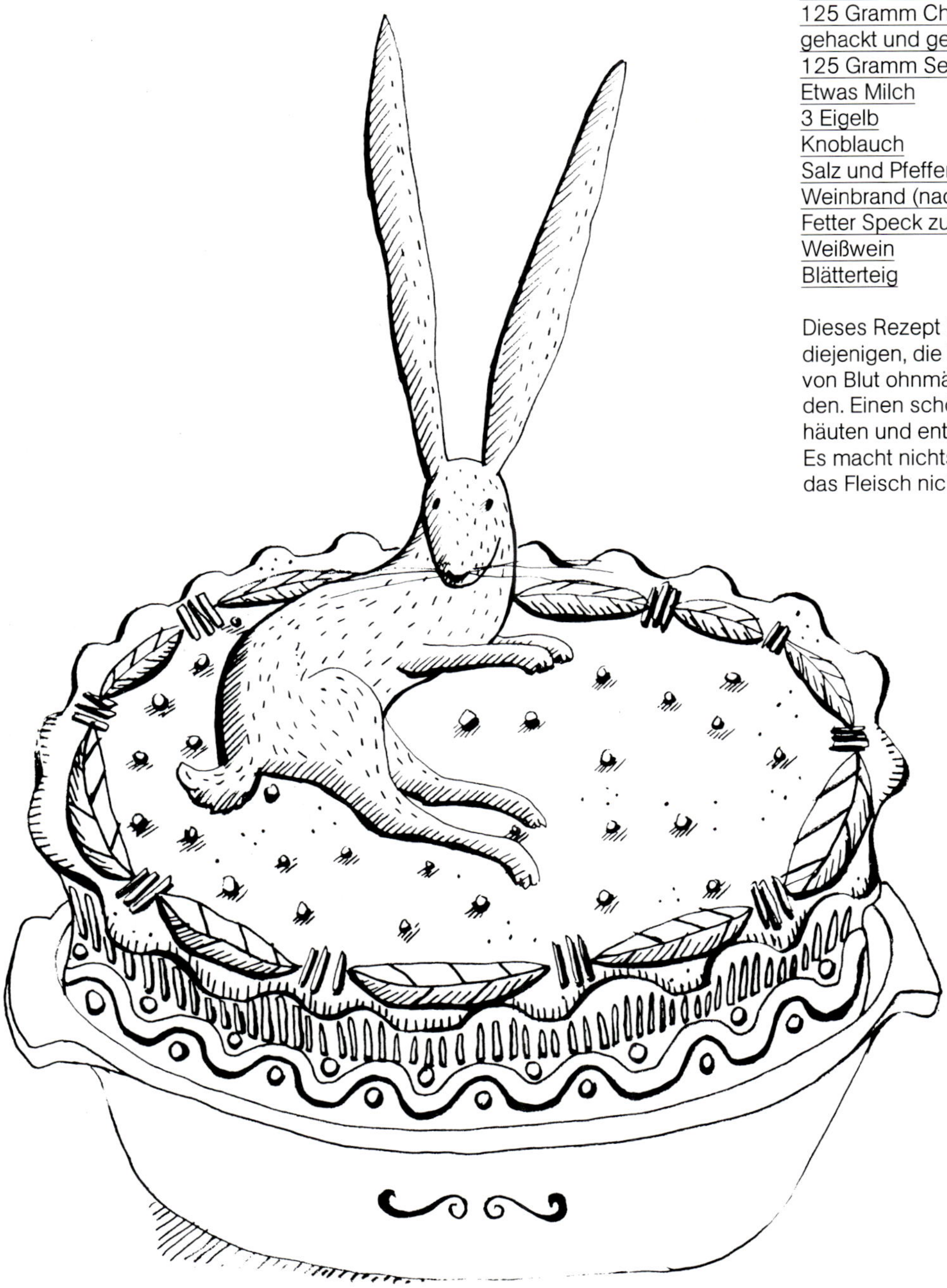

1 Hase
Marinade, aus Rotwein und Kräutern bereitet
250 Gramm durchgedrehtes Kalbfleisch
250 Gramm durchgedrehter Schweinebauch
125 Gramm Champignons, gehackt und gegart
125 Gramm Semmelbrösel
Etwas Milch
3 Eigelb
Knoblauch
Salz und Pfeffer
Weinbrand (nach Belieben)
Fetter Speck zum Bardieren
Weißwein
Blätterteig

Dieses Rezept ist nichts für diejenigen, die beim Anblick von Blut ohnmächtig werden. Einen schönen Hasen häuten und entbeinen.
Es macht nichts, wenn sich das Fleisch nicht vollständig ablösen läßt, denn sobald Sie aus den Knochen eine Brühe gekocht haben, ist dies kein Problem mehr.
Die schönsten Stücke in die vorbereitete Marinade legen und beiseite stellen, die anderen Teile zusammen mit den von den Knochen abgelösten Resten und der Leber durchdrehen.
Mit der gleichen Menge an durchgedrehtem Kalbfleisch und Schweinebauch, den gegarten Champignons, in Milch eingeweichten Semmelbröseln, 2 Eigelb, dem Blut des Hasen, etwas Knoblauch und reichlich Salz und Pfeffer mischen. Einen Schuß Weinbrand nicht vergessen.
Die Speckstreifen auf die Arbeitsfläche legen. Die Fleischstücke aus der Marinade nehmen, auf Küchenpapier abtrocknen lassen und auf den Speck setzen.
Die Füllung daraufgeben und zurechtdrücken, dann eine weitere Schicht Fleisch darauflegen. Die Speckstreifen über Fleisch und Füllmasse zusammennehmen und fest mit Küchengarn umwickeln. Darauf achten, daß die Füllung nicht herauslaufen kann.
In einem Schmortopf im Weißwein bei schwacher Hitze 1½ Stunden im Backofen schmoren. Anschließend herausnehmen und abkühlen lassen.
Den Blätterteig so groß ausrollen, daß er das Fleisch vollkommen umschließt. Küchengarn und Speck entfernen und die Fleischrolle vorsichtig auf den Teig legen. Den Teig fest zusammendrücken und dann mit Eigelb bestreichen. 35 Minuten im heißen Backofen backen.
Als Beilage eine kräftige Sauce, ein einfaches Gemüse und eventuell etwas Apfelmus reichen.

Civet de Lapin

PETER DE FRANCIA

Dies ist ein altes Rezept für die Zubereitung eines Kaninchens. Vor dem Auftreten der Myxomatose, als sich die Kaninchen noch stark vermehrten, war es bei französischen Bauern und Wilderern außerordentlich beliebt.

Zunächst ein Kaninchen schießen, dann häuten und zerlegen. Aus Rotwein, 1 Eßlöffel Essig, 1 »bouquet garni« (bestehend aus Thymian, Lorbeerblatt und 1 geviertelten Zwiebel), Salz und Pfeffer eine Marinade herstellen und die Kaninchenteile vor dem Garen mehrere Stunden marinieren.
Etwas in quadratische Stücke geschnittenen Frühstücksspeck in wenig Olivenöl in einem Schmortopf auslassen. Die gut abgetrockneten Fleischstücke darin anbraten, bis sie goldbraun sind, dann eine gehackte Zwiebel hinzufügen. Die Marinade dazugießen und einkochen lassen. 2 Eßlöffel Mehl hineinrühren, und wenn es gut untergemischt ist, kochendes Wasser oder Brühe dazugeben. Die Kaninchen sanft garen und, falls notwendig, nachwürzen.
Vor dem Servieren das »bouquet garni« herausnehmen und die zuvor separat in wenig Öl oder Schmalz gebratene Leber hinzufügen. Schließlich das aufbewahrte und mit etwas Essig vermischte Blut des Kaninchens dazugießen. Die Sauce darf nicht mehr aufwallen.

Anmerkung: Das Hinzufügen der Leber ist kein Ritual Schwarzer Magie.

Das im letzten Arbeitsschritt erwähnte Blut sollte ausschließlich von dem Kaninchen stammen. Getrocknete, eingemachte oder tiefgekühlte Kaninchen aus China sollten nur verwendet werden, wenn es unumgänglich ist.
Und säubern Sie nach Gebrauch Ihre Flinte!

FLEISCH

TOURNEDOS MAXIMOV

MAXIME ADAM-TESSIER

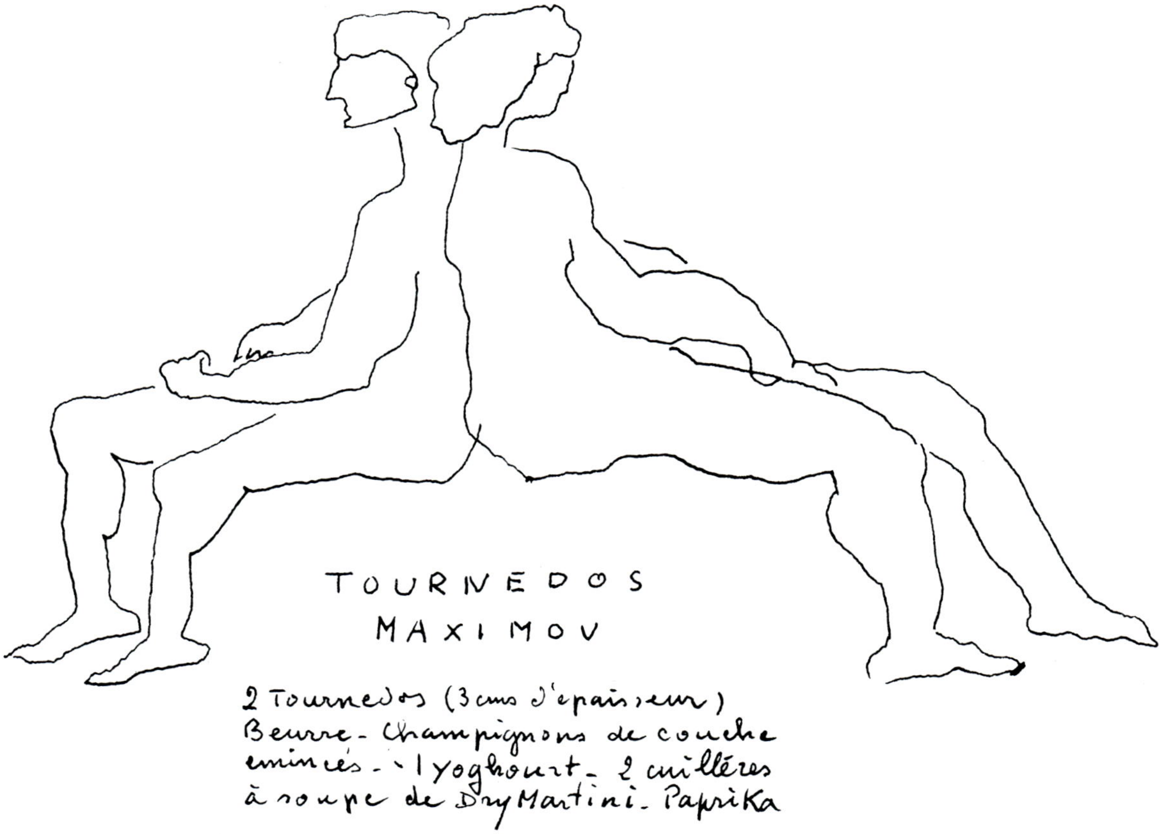

Champignons, in Scheiben geschnitten
Butter
1 Becher Joghurt
Paprika
2 Filetsteaks, etwa 3 cm dick
Salz und Pfeffer
2 Eßlöffel trockener Martini

Zunächst die Champignons in Butter braten. Die Temperatur herunterschalten, Joghurt und großzügig Paprika hinzufügen und gut umrühren. Die Pilze von der Kochstelle nehmen und warm stellen.
Die Steaks bei starker Hitze braten. Umdrehen, dann salzen und pfeffern. Wenn sie durch sind, herausnehmen.
Den Martini mit etwas Wasser vedünnen und damit die Bratpfanne ablöschen.
Die Sauce über die Tournedos gießen und diese mit den Pilzen garnieren.

RINDFLEISCH MIT BACKPFLAUMEN

SYBIL WALDOCK

ILLUSTRATION: **SUE SCULLARD**

1/2 Liter brauner Fond
Etwa 18 Backpflaumen
600 Gramm Rinderbraten (Zungenstück)
Gewürze
30 Gramm Mehl
60 Gramm Fett
1 Eßlöffel Tomatenpüree
2 Lorbeerblätter
4 oder 5 Tomaten

Den Fond erhitzen, über die Backpflaumen gießen und diese weich werden lassen. Das Fleisch in Würfel schneiden, in dem gewürzten Mehl wenden und einige Minuten im heißen Fett braten. Den Fond abgießen und zum Fleisch geben. Zum Kochen bringen und die Sauce garen, bis sie eingedickt ist. Tomatenpüree, etwa 6 feingehackte Pflaumen und die Lorbeerblätter hinzufügen. Den Deckel auflegen und den Topfinhalt 1 1/2 bis 1 3/4 Stunden köcheln lassen. Die restlichen Pflaumen ganz dazugeben und alles noch einmal 15 Minuten garen. Die Tomaten, eventuell geschält, hinzufügen und 14 Minuten mitgaren.

SCHMORFLEISCH MIT AUBERGINEN

JEAN SOUTHWOOD

4 Steaks (Hochrippe)
Ausgebratenes Fett
2 große Zwiebeln, abgezogen und gehackt
250 Gramm Champignons, geputzt und in Scheiben geschnitten
1 Eßlöffel Mehl
½ Liter Brühe, oder Brühe und Rotwein
Lorbeerblätter
Salz und Pfeffer
2 Auberginen, in ½ cm dicke Scheiben geschnitten und mit Salz bestreut

Die Steaks auf beiden Seiten im heißen Fett in einem feuerfesten Gefäß oder Topf anbraten, dann herausnehmen. Die Zwiebeln in den Topf geben und leicht bräunen. Pilze hinzufügen und wenige Minuten garen, anschließend das Mehl darüberstäuben.
Den Topf von der Kochstelle nehmen und die Brühe dazugießen. Zum Kochen bringen, dann Lorbeerblatt und Gewürze hinzufügen.
Das Fleisch wieder hineinlegen. Den Topf fest schließen und den Inhalt etwa 1 bis 1½ Stunden garen.
Die Auberginen waschen und abtropfen lassen, in den Topf geben und garen, bis alle Zutaten weich sind. Manchmal ist es notwendig, vor dem Servieren das Fett abzuschöpfen.

ILLUSTRATION: **CAMERON A. CAMPBELL**

Hachée

FLORIS VAN DEN BROECKE

Ein holländisches Gericht, das es in sich hat und der ganzen Familie (Vegetarier ausgenommen) Freude und Genuß bereitet. Es läßt sich einfach zubereiten und versetzt Sie geradewegs ins Herz der Beneluxstaaten. Es wärmt Körperteile, die andere Eintöpfe nicht heiß machen, und ist empfehlenswert, wenn es Zeit ist, die Schlittschuhe anzuziehen. Die erforderlichen Zutatenmengen kenne ich nicht genau, doch lautet mein Rat, möglichst viel zuzubereiten, denn wenn man das Hachée nach ein oder zwei Tagen wieder aufwärmt und mit oder ohne Brot ißt, schmeckt es noch besser.

Für 4 Personen

125 Gramm Butter und etwas Schweineschmalz
1 Kilogramm Rindfleisch (Rose) zum Schmoren, in Würfel geschnitten
Etwa 1 Kilogramm Zwiebeln, in Scheiben geschnitten
Etwas Salz und Pfeffer
Lorbeerblätter
Nelken
Essig
Kartoffeln

Die Hälfte der Butter mit dem Schmalz in einer Pfanne erhitzen und die Fleischwürfel rundherum anbraten.
In einen großen Schmortopf heben.
Die restliche Butter in die Bratpfanne geben und die Zwiebeln bräunen.
Die Zwiebeln zu dem Fleisch geben. Salzen und pfeffern, dann einige Lorbeerblätter und Nelken sowie 1 Eßlöffel Essig hinzufügen. Wasser darübergießen, aber nicht zuviel, dann den Deckel auflegen und den Topfinhalt bei sehr schwacher Hitze mindestens 2 Stunden garen.
Die Kartoffeln kurz vor der Essenszeit kochen und mit dem Fleisch servieren.

Eet smakelijk!

Hachée
Apple Computer

Floris van den Broecke
April 1986

SCHWEINEFILET

DOSIA VERNEY

ILLUSTRATION: **PETER LATHAN SMITH**

Das Filet mit einer Mischung als gleichen Mengen Salz, Zucker, Pfeffer und Ingwer einreiben. Kurz von allen Seiten in heißem Fett anbraten. Dann in einen tiefen Schmortopf auf ein Bett aus gehackten Zwiebeln und Knoblauch legen und rundherum die Champignons verteilen.
1 Eßlöffel Preiselbeersauce, eine Dose Tomatensauce, etwas Essig und 1/8 Liter Wasser darübergießen. Ein Lorbeerblatt dazugeben und das Filet im Backofen langsam garen.

SCHWEINEKOTELETT IN SÜSS-SAURER SAUCE

VALERIE LYONS

ILLUSTRATION: **CHRISTINE SIMPSON**

4 Schweinekoteletts
30 Gramm Pflanzenfett oder Schmalz

Sauce

360 Gramm Ananasstücke
90 Gramm brauner Zucker
4 Eßlöffel Essig
1 Eßlöffel Sojasauce
¼ Teelöffel Salz
2 gestrichene Eßlöffel Maisstärke

Die Koteletts mit Pflanzenfett oder Schmalz in einen Bräter geben und oberhalb der Mitte in den auf 200°C (Gasherd Stufe 4) vorgeheizten Backofen schieben. Etwa 15 Minuten bräunen, dabei einmal drehen.
In der Zwischenzeit die Ananasstücke abtropfen lassen. Den Saft auffangen und mit Wasser zu ¼ Liter auffüllen. Saft, Zucker, Essig, Sojasauce und Salz vermischen. Die Maisstärke in einen Topf geben und mit ein paar Löffeln der Saftmischung zu einer glatten Paste verrühren.
Die restliche Flüssigkeit gut untermischen. Bei mittlerer Temperatur unter ständigem Rühren erhitzen, bis die Mischung eingedickt ist und kocht. Ananasstücke hinzufügen und den Topf von der Kochstelle nehmen.
Die Koteletts aus dem Backofen holen und überschüssiges Fett abschöpfen. Die Sauce gleichmäßig über die Koteletts ziehen. Den Bräter mit Alufolie abdecken und wieder in den Backofen stellen. Die Temperatur auf 190°C (Gasherd Stufe 3) herunterschalten und die Koteletts, je nach Dicke, noch einmal 45 bis 50 Minuten garen, zwischendurch ein- oder zweimal Sauce darüberschöpfen.

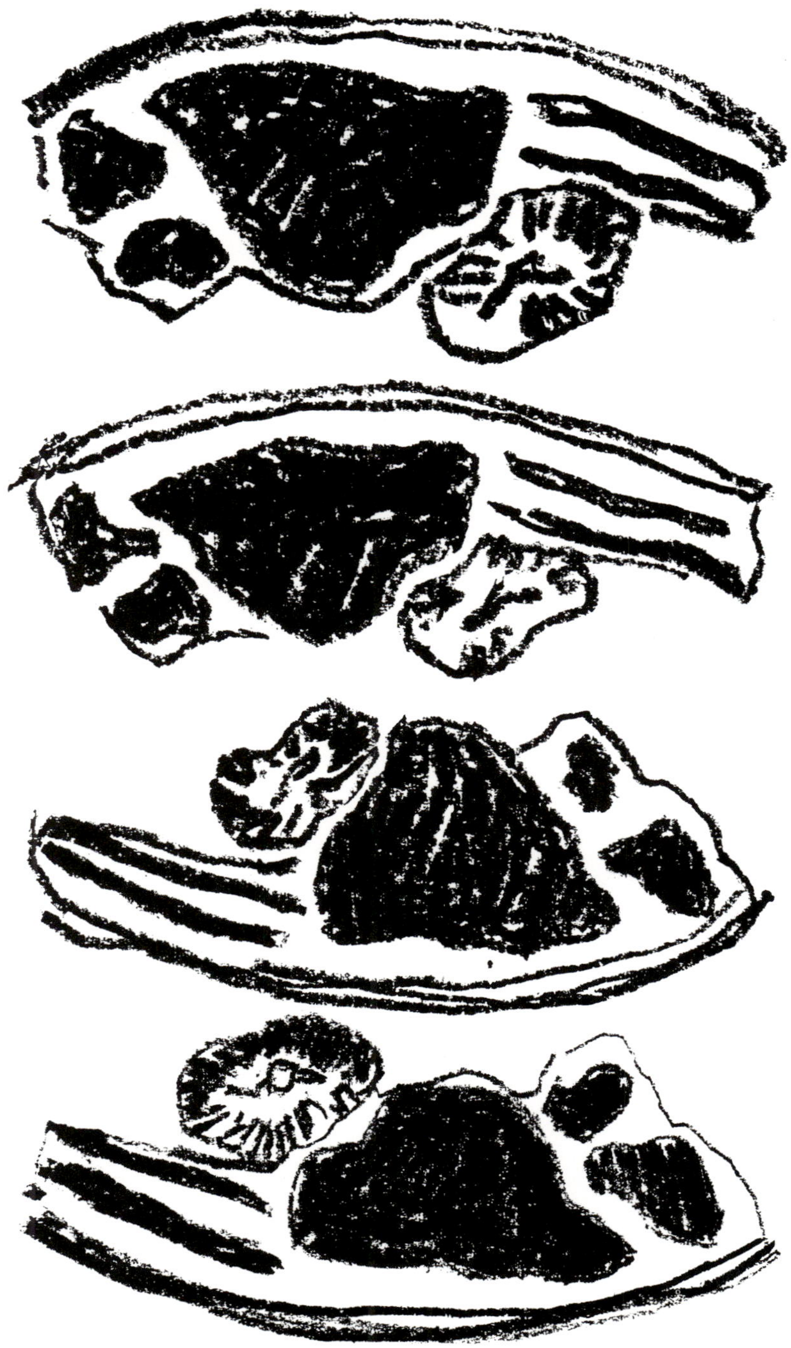

SCHWEINEBAUCH MAK

MAK KUM SIEW

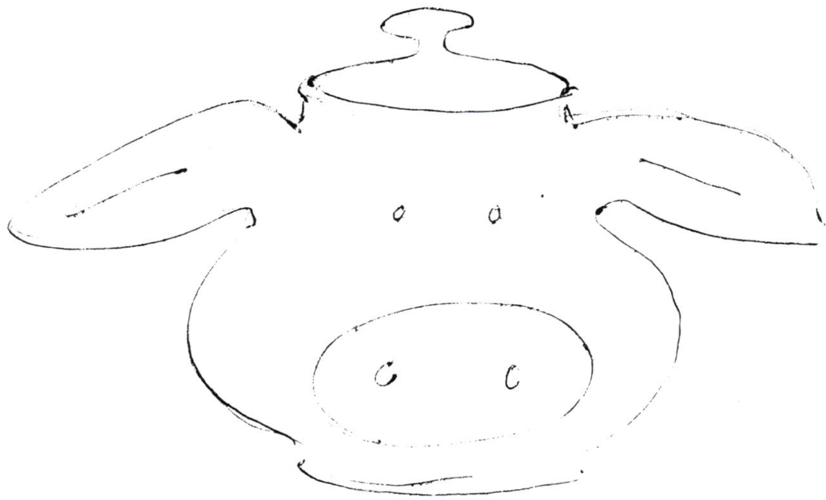

2 lb BELLY PORK
(CUT INTO 2" CUBES)
2½ TABLE SPOONS SOYA
1 LEVEL TEA SPOON SUGAR
2 CLOVES GARLIC
3/4 SLICES FRESH GINGER
2 FRESH CHILLIES OR CHILLI POWDER
1 PINT OF WATER
BRING TO BOIL + SIMMER FOR 2 HOURS - SERVED WITH RICE + GARNISH OF SPRING ONIONS

1 Kilogramm Schweinebauch, in 5 cm große Würfel geschnitten
2½ Eßlöffel Sojasauce
1 gestrichener Teelöffel Zucker
2 Knoblauchzehen, zerdrückt
3 bis 4 Scheiben frischer Ingwer
2 frische Chilischoten oder etwas Chilipulver
½ Liter Wasser

Alle Zutaten in einen Topf geben und zum Kochen bringen. Etwa 2 Stunden köcheln lassen. Mit Reis servieren, der mit Frühlingszwiebeln garniert ist.

Warmer oder kalter Schinken

FRED DUBERY

Wir bereiten Schinken so zu, daß er warm oder kalt gegessen werden kann. Am besten ist die Unterschale (Unter-Frikandeau), aber auch preiswertere Fleischstücke, wie Nacken, sind gut geeignet. Ein 1 bis 1½ Kilogramm schweres Stück Unter-Frikandeau in einen schweren Topf legen (es sollte gerade hineinpassen). Mit Wasser bedecken, dann für die Pökellake folgende Zutaten dazugeben.

Hot or cold Ham.

This is the way we cook a ham, so that it can be eaten hot or cold. A middle cut of gammon is best, but other less expensive joints like slipper or neck are very good.

Put a 2 or 3 lb piece of bacon into a heavy saucepan, fitting quite snugly, just cover with water, then add the following ingredients to make the pickle: 3 tablespoons of cider vinegar, 3 tablespoons of brown sugar, one teaspoon of cloves, one teaspoon of pepper corns, one small onion (about the size of a ping pong ball). A bouquet garni (fresh if possible). Simmer gently with the lid on, allowing 20 mins to the pound plus 20 mins, ie a 3 pound joint will take one hour + 20 mins. to cook.

To eat this hot, remove the ham from the pickle + serve with a cumberland sauce; vegetables could include lightly fried courgettes, buttered carrots, new or dauphinoise potatoes.

Before you sit down to eat this delicious supper, put the ham back into the pickle, leave it there to sit in a cool place for 24 hours. The joint can then be taken out of the saucepan, the skin removed, and if you wish the fat may be coated with breadcrumbs in the traditional manner. By returning the ham to the pickle you will ensure that it will remain succulent to the very last slice

- 3 Eßlöffel Apfelessig
- 3 Eßlöffel brauner Zucker
- 1 Teelöffel Nelken
- 1 Teelöffel Pfefferkörner
- 1 kleine Zwiebel (etwa in der Größe eines Tischtennisballs)
- Ein bouquet garni (möglichst aus frischen Kräutern)

Den Schinken mit aufgelegtem Deckel leise kochen lassen, und zwar pro Pfund gute 20 Minuten sowie 20 Minuten zusätzlich. Ein 1½ Kilogramm schweres Stück Fleisch braucht daher gut 1 Stunde 20 Minuten. Zum Warmessen den Schinken aus der Lake nehmen und mit Cumberlandsauce servieren. Als Gemüsebeilage eignen sich beispielsweise leicht gebratene Zucchini, in Butter geschwenkte Möhren oder neue Kartoffeln.

Ißt man ihn kalt, legt man den Schinken noch einmal in die Lake zurück und stellt ihn für 24 Stunden an einen kühlen Platz. Dann kann er aus dem Topf genommen werden. Die Schwarte entfernen und das Fett – nach Belieben – auf althergebrachte Weise mit Semmelbröseln überziehen. Legt man den Schinken wieder in die Lake zurück, bleibt er bis zur letzten Scheibe saftig.

PARTYLAMM

JOY LAW

ILLUSTRATION: **SUSAN HILTON**

1 Lammkeule, entbeint
Gehackte Zwiebeln
Champignons
3 Lammnieren
Butter
Salz und Pfeffer
Alle Kräuter, die gut zu Lamm passen
Blätterteig
1 Eigelb

Wer die Keule nicht selbst entbeinen kann, läßt dies vom Metzger machen. Sie darf aber nicht zusammengenäht oder -gebunden sein. Gehackte Zwiebeln, Pilze und Nieren in wenig Butter braten, dann gut mit Kräutern und Gewürzen vermischen. Diese Füllung in die Lammkeule geben und sie zunähen. Bei starker Hitze (220°C oder Gasherd Stufe 4–5) 30 Minuten im Backofen braten, anschließend herausnehmen.
Wenn sie genug abgekühlt ist, die Keule vorsichtig in den Blätterteig wickeln und darauf achten, daß alle Ränder sorgfältig zusammengedrückt sind. Den Teig mit Eigelb bestreichen. Die Keule noch einmal für 30 Minuten in den heißen Backofen schieben und dann sofort servieren.
Um Lobeshymnen zu ernten, braucht man dann nur noch ein scharfes Tranchiermesser und eine kräftige braune Sauce mit einem Schuß Portwein. Salzkartoffeln und ein knackiger Salat eignen sich gut als Beilage.

LAMMTOPF

HENRY MOORE

8 Lammkoteletts, pariert
60 Gramm Butter
700 Gramm kleine Kartoffeln, halbiert
125 Gramm kleine Zwiebeln
250 Gramm Pilze, gehackt
1/8 Liter Weißwein
1/4 Liter weißer Fond
60 Gramm Semmelbrösel (nach Belieben)
1/8 Liter Sahne
Salz und Pfeffer
1 Lorbeerblatt
1 Stengel Thymian
1 Stengel Petersilie
1 Rosmarinzweig
Gehackte Petersilie

Die Koteletts in Butter braten, dann aus der Pfanne nehmen. Kartoffeln, Zwiebeln und Pilze hineingeben und 5 Minuten garen. Die Gemüse herausheben, das Fett aus der Pfanne gießen und Wein, Brühe, Semmelbrösel und Sahne hineingeben. Gut umrühren und nach Geschmack würzen.
Gemüse und Koteletts zusammen mit den Kräutern wieder in die Pfanne geben. Mit aufgelegtem Deckel etwa 1 Stunde köcheln lassen, bis alles weich ist. Das Lorbeerblatt herausnehmen, gehackte Petersilie darüberstreuen und das Gericht servieren.

PANACKELTY

JOAN CATLIN

Dieses preiswerte Mittagessen stammt aus dem Nordosten Großbritanniens und wurde früher gewöhnlich an Waschtagen gekocht, weil es die Hausfrau zubereiten und dann im Backofen garen konnte, während sie in der Waschküche beschäftigt war.

ILLUSTRATION: **CAROLYN GOWDY**

1 große Gemüsezwiebel
Salz
Pfeffer
Pro Person 1 große Kartoffel
Pro Person 1 Scheibe Frühstücksspeck
Pro Person 1 Brühwurst
Pro Person 1 Tomate

Den Backofen auf 180°C (Gasherd Stufe 3) vorheizen. Die Zwiebel in Scheiben schneiden und in einen Bräter legen. Salz und ordentlich frisch gemahlenen Pfeffer hinzufügen. Die Kartoffeln in dünne Scheiben schneiden und darauflegen, dann Speckscheiben und Würste, zum Schluß halbierte Tomaten darauf verteilen. Nochmals etwas Pfeffer über die Tomaten geben. Das Gericht 45 Minuten im Backofen garen.

RUSKIN SPEAR

Das beste Haggis (ein in Kalbs- oder Hammelmagen gekochtes schottisches Gericht aus Herz, Lunge, Leber, Nierenfett und Hafermehl) findet man in der Nähe der Trossachs, nicht weit von Aberfoyle (in Schottland) entfernt.
Foyle ist eine frühe keltische Schreibweise von foil (Folie), und Alufolie ist beim Dämpfen von Haggis absolut unentbehrlich. Der verwendete Schafsmagen sollte vollkommen unbeschädigt sein. Er wird in Folie eingewickelt, denn es darf kein Wasser in das Haggis gelangen. Neben Black Label – manche Leute bevorzugen aber auch »Red Hackle«, den man in Glasgow, nicht aber in Edinburgh bekommt – vervollständigen weiße Rüben das Gericht. Halten Sie sich nur an dieses Rezept, dann kann nichts schiefgehen.
Beim Essen sollten Sie mit dem Rücken gegen eine Wand stehen und die eine Hand freihalten, um jederzeit das Schwert ergreifen zu können.

Bigos à la Rogoyska

MARTA ROGOYSKA

ILLUSTRATION: **PER DAHLBERG**

Bigos ist ein traditionelles polnisches Gericht, und der Name bedeutet ungefähr gemischtes Allerlei. Es ist ein beliebtes Hauptgericht und wird mit Roggenbrot oder Kartoffeln gegessen. Früher nahm man es auf mehrere Tage dauernde Jagden mit, da es mit jedem Aufwärmen besser schmeckt und vor allem bei Kälte den Körper wärmt. Von dem Rezept gibt es beinahe so viele Variationen wie Polen auf dieser Erde – die folgende mögen wir jedoch am liebsten.

Gleiche Mengen rohen Weißkohl und Sauerkraut verwenden (letzteres muß, falls es aus der Dose kommt, gewaschen werden, um den bitteren Geschmack der Konserve zu entfernen). Den Weißkohl in sehr dünne Streifen schneiden, dann Kohl und Kraut bei schwacher Hitze in zwei getrennten Töpfen garen (kein Aluminium benutzen), bis der Kohl weich ist. Wenn sich in den ersten Minuten keine Flüssigkeit absetzt, Salz und etwas Wasser hinzufügen und ständig rühren. Den weichen Kohl mit dem Kraut in einem großen Topf vermischen und folgende Zutaten hinzufügen:

Fleischreste jeglicher Art, in Würfel geschnitten
Polnische Würste mit Knoblauch, in Würfel geschnitten
Frühstücksspeck, Schinken usw.
Einen ganzen getrockneten Pilz
Lorbeerblätter
Kümmel
Einige Pfefferkörner
Ein paar Wacholderbeeren

Alle Zutaten bei schwacher Hitze und unter ständigem Rühren mindestens 1 Stunde garen. Dann abschmecken. Schließlich ein Glas Rotwein und einige Eßlöffel »Powidla« (polnisches Pflaumenmus) hinzufügen. Wieder kosten und, falls notwendig, nachwürzen. Dann kann das Gericht serviert werden. Es läßt sich auch einige Tage im voraus zubereiten oder in großen Mengen, die man über einen längeren Zeitraum verteilt verzehren kann.
Und mit jedem Tag schmeckt es besser.

GEMÜSE

KARTOFFELKLÖSSE

LUTZ BECKER

Die deutsche Küche ist besonders für den reichlichen Gebrauch von Kartoffeln bekannt. In Sachsen und Thüringen gibt es ein altes Rezept für Kartoffelklöße, das einzigartig ist. Ich werde es Ihnen gern verraten. Die Thüringer Kartoffelklöße sind eine Glorifizierung der Kartoffel. Im 19. Jahrhundert gehörten sie in den Großfamilien traditionell zum sonntäglichen Mittagessen – und welch ein Ereignis war das! Die ganze Familie stand in der Küche, um bei der Zubereitung zu helfen.

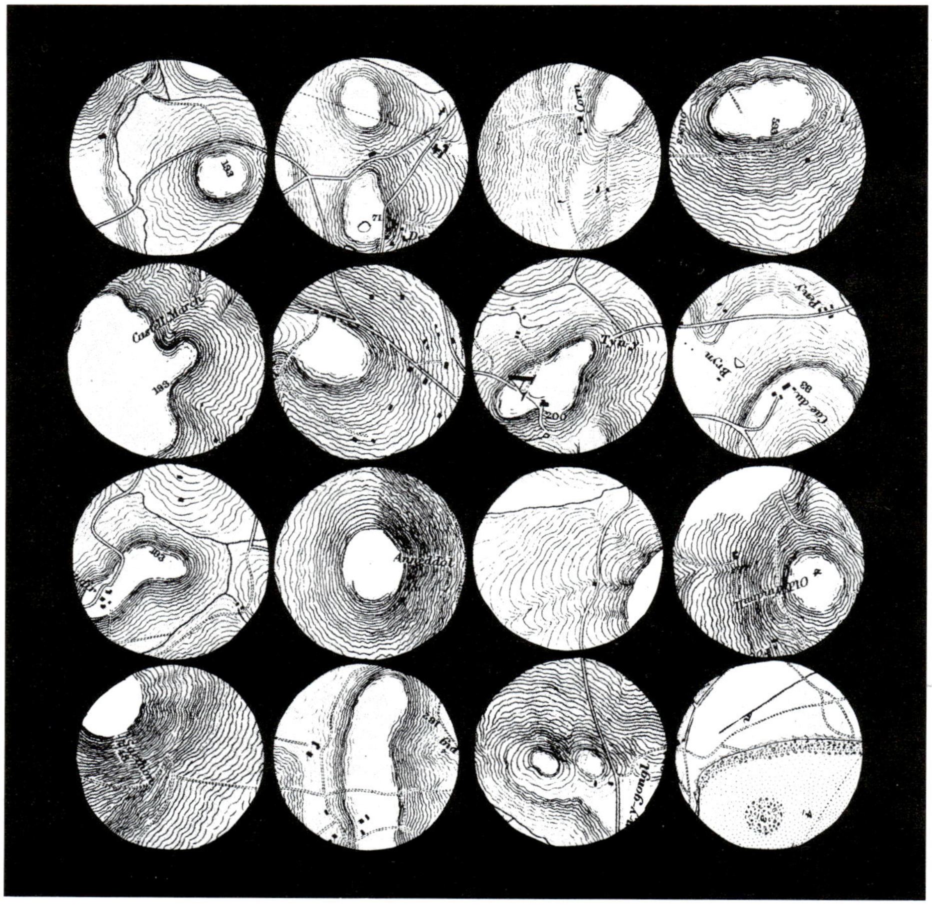

Für 8 Personen

2,5 Kilogramm große Kartoffeln, geschält
½ Liter kochende Milch
1 ½ Eßlöffel Salz
1 Prise Muskatnuß
250 Gramm Brotwürfel
Butter

Zwei Drittel der Kartoffeln grob reiben, in ein Leinentuch geben und das Wasser herausdrücken. Sowohl das Reiben als auch das Ausdrücken ist harte Arbeit, deshalb sollten die männlichen Gäste zu dieser Arbeit herangezogen werden. Je trockener die Kartoffelmasse ist, um so besser schmecken die Klöße.
Die restlichen Kartoffeln in Salzwasser garen, zerstampfen und die kochende Milch hineinrühren. Schließlich die rohe Kartoffelmasse untermischen. Die Mischung gut durchkneten, dann Salz und Muskatnuß hinzufügen. Die Brotwürfel in Butter rösten. Eine gute Handvoll Kartoffelmasse nehmen, ein oder zwei der Brotwürfel in die Mitte stecken und mit den Händen einen Kloß formen. Er sollte die Größe eines dicken Schneeballs haben und fest zusammengedrückt werden. Die Klöße in siedendes Salzwasser geben und bei schwacher Hitze etwa 15 Minuten garziehen lassen. Thüringer Klöße werden am besten mit Wild, Gans, Rindfleisch und Pflaumen gegessen und schmecken vor allem mit Rotkohl köstlich. Ich bezweifle zwar, daß Klöße übrigbleiben, doch sollte dies der Fall sein, können sie sehr gut aufgewärmt werden. Man schneidet sie dazu in Scheiben und brät sie in Butter. Mein letzter Rat: Machen Sie genug Klöße! Ihre Gäste werden beim Essen einen unglaublichen Appetit entwickeln.

RÖSTI

DAVID QUEENSBERRY

Rösti passen ausgezeichnet zu Wildbraten und sind vor allem auch bei Kindern beliebt.

FOTOGRAFIE: **JULIA HEDGECOE**

700 Gramm Kartoffeln, geschält
Butter und Öl
Salz
Pfeffer

Die Kartoffeln 7 Minuten garen, abtropfen und abkühlen lassen. Dann mehrere Stunden oder über Nacht in den Kühlschrank stellen. Dadurch verändert sich ihre Konsistenz, was sich auf das fertige Gericht auswirkt.
Die Kartoffeln grob reiben. Butter und Öl in einer Pfanne erhitzen und Salz und Pfeffer hinzufügen. Die geriebenen Kartoffeln gleichmäßig in der Pfanne verteilen und wiederum salzen und pfeffern. Einen Teller geeigneter Größe umgedreht auf die Kartoffelmasse setzen. Der Teller sollte in die Pfanne passen und nicht auf dem Rand aufliegen. Die Kartoffeln 10 Minuten vorsichtig braten.
Um die Rösti aus der Pfanne zu nehmen, ein Holzbrett auf Teller und Pfanne legen, dann alles zusammen umdrehen. Sollte die Pfanne sehr trocken sein, noch etwas Butter und Öl hineingeben, dann die Rösti wieder in die Pfanne gleiten lassen und die andere Seite etwa 10 Minuten backen. Wie oben beschrieben herausnehmen. Nun liegt ein runder Kartoffelkuchen auf dem Teller, der in Portionsstücke geschnitten werden kann.

Auberginen mit Käse

SYBIL WALDOCK

ILLUSTRATION: **SARAH HOLLAND**

Für 4 Personen

700 bis 900 Gramm Auberginen
Salz
6 Scheiben Weißbrot ohne Kruste
500 Gramm Tomaten
250 Gramm Cheddar-Käse
90 Gramm Fett
Pfeffer

Die Auberginen waschen und in Scheiben schneiden, mit Salz bestreuen und 30 Minuten in einem Durchschlag beiseite stellen, damit das Wasser entzogen wird.
In der Zwischenzeit das Brot toasten, die abgezogenen Tomaten hacken und den Käse reiben.
Die Auberginen trockentupfen und im Fett auf beiden Seiten goldbraun braten. Das Toastbrot in ein flaches ofenfestes Gefäß legen. Auberginen, Käse und Tomaten in Schichten darauf verteilen und nach Geschmack salzen und pfeffern. Noch einmal Auberginen, Käse und Tomaten hineinschichten und zum Schluß Käse darüberstreuen. Die Form 30 bis 40 Minuten in den auf 190°C (Gasherd Stufe 3) vorgeheizten Backofen schieben.

GEFÜLLTE AUBERGINEN

YEHUDI MENUHIN

ILLUSTRATION: **BLAISE THOMPSON**

4 große Auberginen
Salz
2 Zwiebeln, feingehackt
125 bis 175 Gramm Champignons, in dünne Scheiben geschnitten
Butter
4 große reife Tomaten, abgezogen, entkernt und gehackt
1 Eßlöffel Tomatenpüree
Majoran
Thymian
Oregano
2 Knoblauchzehen, zerdrückt
¼ Liter Brühe
5 bis 6 gehackte Sardellen
Ein paar entsteinte schwarze Oliven
100 Gramm Paniermehl aus dunklem Brot
100 Gramm geriebener Greyerzer-Käse
2 Eßlöffel gehackte Petersilie
Olivenöl

Die Auberginen längs halbieren und möglichst viel Fleisch herauslösen, die Schalen aber nicht beschädigen. Die Schalen salzen und 30 Minuten zurückstellen, dann waschen und sorgfältig abtrocknen. Zwiebeln, Auberginenfleisch und Pilze in etwas Butter vorsichtig sehr weich braten. Gehackte Tomaten, Tomatenpüree, Kräuter, Knoblauch und Brühe hinzufügen, gut umrühren und schließlich Sardellen und Oliven dazugeben.
In einer Schüssel Paniermehl, Käse und Petersilie vermengen, dann zu der Tomatenmischung geben. Die Auberginenschalen außen mit Olivenöl bepinseln und sie dann füllen. In einem geschlossenen Gefäß in den Backofen schieben und bei mittlerer Temperatur garen, bis die Schalen weich sind.

Fenchel mit Rahmkäse, Spinat, Pinienkernen und Tomatensauce

MYFANWY PIPER

Ich habe dieses Gericht vor einigen Jahren in einem italienischen Restaurant gegessen, seitdem aber nie wieder auf einer Speisekarte gesehen, noch in einem Kochbuch gefunden – deshalb ist das folgende Rezept eine Improvisation. Das Hinzufügen von Pinienkernen ist meine eigene Erfindung.

ILLUSTRATION: **JOHN PIPER**

Für 4 Personen

4 mittelgroße Fenchelknollen
Etwa 125 Gramm gegarter und gehackter Spinat
Etwa 125 Gramm Rahmkäse oder auf die Hälfte abgetropfter Joghurt (aber kein Hüttenkäse – er ist körnig und ohne Geschmack)
Schwarzer Pfeffer
Salz
1 bis 2 Eßlöffel Pinienkerne
Etwa 4 Eßlöffel Tomatensauce (sie sollte frisch und stark eingekocht sein)

Die Fenchelknollen halbieren und, mit den Schnittseiten nach oben, nebeneinander in einen Topf legen. Knapp mit Salzwasser bedecken und weich garen. Bei relativ jungen Knollen dauert es etwa 20 Minuten. Abtropfen lassen, die Garflüssigkeit aufbewahren.
Aus der Mitte jeder Fenchelknolle etwas Fleisch herauslösen und hacken. Zusammen mit Spinat und Käse in eine Schüssel geben und gut vermischen. Sofern eine Küchenmaschine verwendet wird, die Masse nicht auf Pastenkonsistenz reduzieren. Pfeffern, probieren und, falls notwendig, nachsalzen. Die Pinienkerne hinzufügen und untermischen oder die Masse noch einmal in die Küchenmaschine geben. Einen guten Eßlöffel voll in jede Knollenhälfte füllen und die Tomatensauce darüberziehen. Warm oder kalt servieren. (Wird das Gericht warm gegessen, die Tomatensauce mit ein oder zwei Löffeln Fenchelgarwasser verdünnen und über das Gemüse gießen, bevor es im Backofen erhitzt wird.)

GEDÜNSTETER KOPFSALAT

GEORGE HOWARD

Dies ist ein Castle-Howard-Rezept, das wir seit Jahren immer wieder zubereiten. Man kann das Gericht mittags essen oder als ersten Gang eines Menüs servieren.

ILLUSTRATION: **QUENTIN BLAKE**

4 Kopfsalate, gut gewaschen
100 Gramm feingehackte Zwiebeln
60 Gramm Butter
1 Eßlöffel Maisstärke
¹/₄ Liter gute braune Sauce (Bratensauce)
Pfeffer und Salz

Den Salat weich garen und von der Garflüssigkeit ¹/₈ Liter zurückstellen. In einem Dampfdrucktopf gelingt er am besten. Den Salat warm halten. Dann die Zwiebeln in Butter braun braten, die Maisstärke hinzufügen und alles noch einmal 1 Minute garen. Sauce und Garflüssigkeit dazugießen und rühren, bis die Flüssigkeit leicht eindickt, dann salzen – am besten mit grobem Meersalz – und pfeffern. Die Sauce sehr heiß über den warmen Salat gießen und das Gericht sofort servieren.

PASTINAKEN AU GRATIN

KENNETH ARMITAGE

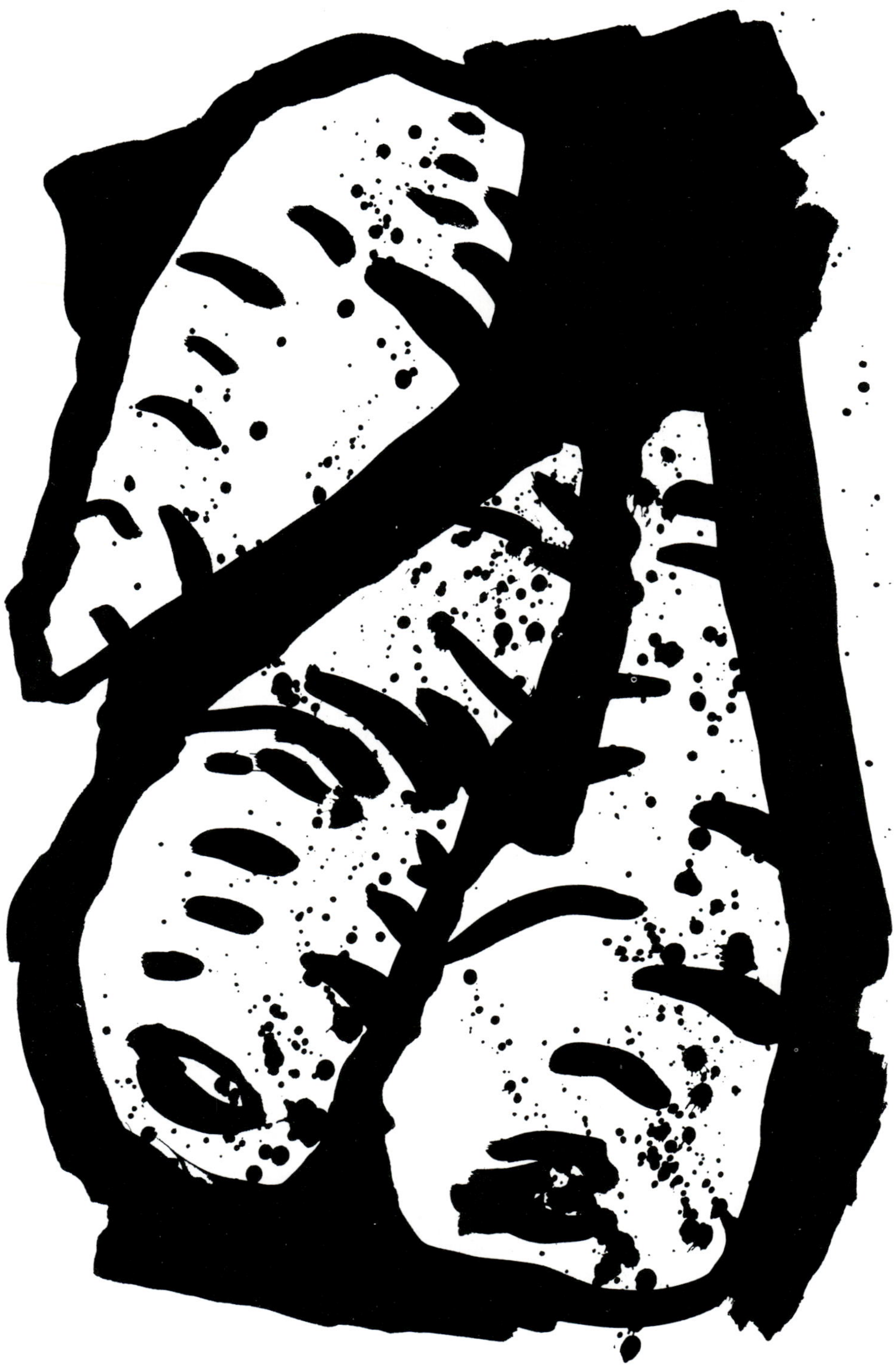

ILLUSTRATION: **SIMON PHILLIPS**

Pastinaken werden oft falsch behandelt oder völlig ignoriert. Man muß sie mit Butter und großer Sorgfalt zubereiten. Für dieses Rezept ist eine sehr gute und feingewürzte Wurst erforderlich. Als Ersatz kann aber auch durchgedrehter Schweinebauch verwendet werden.

6 Pastinaken
Butter
500 Gramm Wurst oder Schweinebauch
Thymian
3/8 Liter Käsesauce (Béchamelsauce mit Käse)
3 Eßlöffel geriebener Greyerzer-Käse, Parmesan oder sehr trockener Cheddar-Käse
60 Gramm frische Weißbrotkrumen
2 Eßlöffel zerlassene Butter

Die Pastinaken schälen, in Scheiben schneiden und gerade weich garen (gegebenenfalls vorher die harten Mitten entfernen). Die Hälfte in eine ausgebutterte Gratinform geben. Die enthäuteten und sehr kleingeschnittenen Würste oder den durchgedrehten Schweinebauch darüberstreuen, dann reichlich Butter und etwas Thymian hinzufügen. Die restlichen Pastinaken darauf verteilen, die Käsesauce darüberziehen, mit Käse und Brotkrumen bestreuen und zum Schluß die zerlassene Butter darüberträufeln. Im Backofen bei mittlerer Hitze backen, bis das Gericht gebräunt ist und blubbert. Falls die Backofentemperatur zum Garen anderer Speisen niedrig bleiben muß, das Gratin unter dem Grill fertig bräunen.

GEMÜSETERRINE

JOY LAW

Dieses Rezept mag auf den ersten Blick nicht viel Erfolg versprechen – aber haben Sie nur Vertrauen: Es ist himmlisch und löst allgemein Begeisterung aus, weil es nicht nur köstlich schmeckt, sondern auch herrlich aussieht.

ILLUSTRATION: **CHERRY DENMAN**

250 Gramm grüne Bohnen
6 Artischockenherzen
250 Gramm junge Möhren
250 Gramm frische oder gefrorene Erbsen
250 Gramm gekochter Schinken
1 Eiweiß
Pfeffer
Salz
2 Eßlöffel Erdnußöl
Saft von 1 Zitrone
10 Weinblätter

Die Gemüse fast weich garen, gut abtropfen lassen und in Scheiben schneiden. Den Schinken in kleine Stücke schneiden und dann – ebenso wie die Rührschüssel der Küchenmaschine – für 30 Minuten in den Kühlschrank stellen. Schinken, Eiweiß, Pfeffer und Salz in die Küchenmaschine geben, dann nach und nach Öl und Zitronensaft hinzufügen. Dies sollte sehr rasch geschehen, damit die Paste nicht heiß wird. Boden und Wände einer 20 cm großen rechteckigen Blechform mit acht Weinblättern auslegen, dann Schinkenpaste daraufstreichen. Möhrenscheiben, Erbsen, in 2½ cm lange Stücke geschnittene Bohnen und in Scheiben geschnittene Artischockenherzen verteilen und mit einer weiteren dünnen Schicht Paste überziehen. Wieder Gemüse darauflegen und noch einmal Paste verstreichen. Diese mit Weinblättern abdecken.
Die Form 30 Minuten in den vorgeheizten Backofen schieben. Terrine 8 Stunden abkühlen lassen. Aus der Form nehmen und mit Tomatensauce servieren, die mit Essig, Estragon und Petersilie gewürzt ist.

GRATIN DAUPHINOIS

ROBIN LEVIEN

700 Gramm Kartoffeln
1 Knoblauchzehe, zerdrückt
Frisch geriebene Muskatnuß
Salz und Pfeffer
¼ Liter Sahne
40 Gramm Butter
Petersilie

Die Kartoffeln in dünne Scheiben schneiden (oder einfach hobeln), waschen und abtrocknen. In eine Gratinform schichten, dabei jede Schicht mit Knoblauch, Muskatnuß, Salz und Pfeffer bestreuen. Die Sahne darübergießen und Butterflöckchen darauf verteilen. Das Gratin 1½ Stunden bei 150°C (Gasherd Stufe 1) im Backofen garen. Vor dem Servieren mit Petersilie bestreuen. Dieses Gericht eignet sich ausgezeichnet als Beilage für Steaks.

ILLUSTRATION: **PAUL COX**

JOHN BRATBY

Die besten »baked beans« (gebackene Bohnen), die ich jemals gegessen habe, wurden von Mick Arnup (ARCA) zubereitet.
Als abgerissener Student, der von der Kingston Art School gefeuert worden war, hatte ich einen Kunststudenten zum Freund, der mit weit größerem Erfolg arbeitete als ich. Er wohnte in einer Studentenbude auf einem Hügel in Richtung Surbiton. Eines Nachts klopfte ich, ohne einen Penny in der Tasche und hungrig, an seine Tür. »Komm rein, Bratby, alter Hundesohn«, sagte er mit einer Mischung aus Spott und Zuneigung, und wir stiegen unter das Dach des Hauses. Er holte eine Bratpfanne heraus, zerließ darin richtige Butter und toastete Brot. In die richtige Butter – das A und O dieses Festessens – gab er eine Dose »baked beans« von Heinz. Nachdem er sie erhitzt hatte, belegte er damit das mit Butter bestrichene, getoastete Brot. »Hier, alter Halunke«, sagte er, und schob mir den Teller hin. Mein Entzücken war unbeschreiblich.

ALF DUNN

Pro Person eine große Kartoffel verwenden. Die Kartoffeln schälen und längs in Stäbchen schneiden – sie sollten gut 1 cm dick sein.
In einem Fritiertopf etwas Öl erhitzen, bis es etwa 190°C hat oder beim Eintauchen eines Kartoffelstäbchens Bläschen entstehen. Die Kartoffeln in den Fritierkorb geben und bei voller Hitze einige Minuten fritieren, nach Herunterschalten auf halbe Temperatur noch einmal 5 bis 10 Minuten. Wenn die Pommes frites fast gar sind, wieder auf volle Hitze schalten und reichlich Knoblauchsalz darüberstreuen.
Während die Pommes frites in der Friteuse sind, Vollkornbrot in Scheiben schneiden und dick mit Butter bestreichen.
Die Pommes frites abtropfen lassen und zwischen Sandwiches verteilen. Mit Salz bestreuen und mit Essig beträufeln. Ein gutes Sandwich besteht aus mehr Pommes frites als Brot, und beim Hineinbeißen tropft Butter heraus. Mit einem Glas Bier servieren.

DESSERTS

ROXANNES KALAMAZOO-BANANENSPLIT

LEONARD ROSOMAN

1 Portion als Hauptgericht oder 6 Portionen als Vorspeise.

1 reife Banane
1 große Kugel Vanilleeis
1 große Kugel Erdbeereis
1 große Kugel Schokoladeneis
Schokoladensauce
Erdbeersauce
1 weißes Marshmallow
Geschlagene Sahne
Gehackte und geröstete Haselnüsse
Cocktailkirschen

Die Banane längs in Scheiben schneiden, in ein ovales Glasgefäß legen und die Eiskugeln daraufsetzen. Schokoladensauce über das Vanilleeis und Erdbeersauce über das Erdbeereis gießen, dann kleine Marshmallowwürfel auf das Schokoladeneis setzen. Die geschlagene Sahne darübergeben und mit den Haselnüssen bestreuen. Auf jede Eiskugel eine Cocktailkirsche setzen.

Aprikosen-Amaretto-Creme

BOBBY GILL

Aprikosencreme

250 Gramm getrocknete Aprikosen
Schale und Saft 1 ungespritzten Zitrone
15 Gramm Gelatine
¼ Liter Sahne, leicht geschlagen

Amarettocreme

4 Eigelb
100 Gramm Zucker
⅜ Liter Milch
100 Gramm gemahlene Mandeln
2 Eßlöffel Amaretto di Saronno
15 Gramm Gelatine
¼ Liter Sahne, leicht geschlagen

Zunächst die Aprikosencreme zubereiten: Die Aprikosen in einen Topf geben, dann abgeriebene Zitronenschale und Zitronensaft hinzufügen. Mit Wasser bedeckt weich garen. Die Früchte pürieren und abkühlen lassen.
Die Gelatine in 60 Millimeter (etwa 7 Eßlöffel) Wasser quellen lassen und auf dem Herd auflösen. Die geschlagene Sahne mit dem Aprikosenpüree mischen, dann die Gelatine unterziehen.
Für die Amarettocreme Eigelb und Zucker verschlagen, bis sich der Zucker aufgelöst hat. Die Milch zum Kochen bringen, mit dem Schneebesen in die Eigelbmasse rühren und die Mischung wieder in den Topf gießen. Bei schwacher Hitze ununterbrochen weiterrühren, bis die Creme fest zu werden beginnt, dann Mandeln und Amaretto unterschlagen. Zum Abkühlen beiseite stellen.

Die Gelatine in 60 Millilitern Wasser quellen lassen, zum Auflösen erwärmen und in die Amarettomischung geben. Gelegentlich umrühren und, wenn die Masse dick zu werden beginnt, die geschlagene Sahne unterziehen. Sobald Aprikosen- und Amarettocreme halb fest sind, werden sie in abwechselnden Schichten (von 1 bis 2½ cm Dicke) in eine eingeölte 1,5 Liter fassende Puddingform gegossen. Zum Festwerden in den Kühlschrank stellen.

REGATTA-PFIRSICHE

DONALD UND JUDY HAMILTON FRASER

Pro Person 1 großer Pfirsich
175 Milliliter tiefgekühltes Orangensaftkonzentrat
60 Gramm Mandelblättchen

Die Pfirsiche in kochendem Wasser blanchieren, damit sie sich gut häuten lassen. Die Früchte halbieren und entsteinen. Mit den Schnittseiten nach unten in eine ofenfeste Form legen. Das Orangensaftkonzentrat nur mit der Hälfte der angegebenen Wassermenge verdünnen. Über die Pfirsiche gießen und die Mandelblättchen daraufstreuen. Dann für 20 Minuten in den auf 170° C (Gasherd Stufe 2) vorgeheizten Backofen schieben. Warm oder kalt servieren, am besten zusammen mit einem Glas Sekt.

APRIKOSENPUDDING

KRYSIA BROCHOCKA

ILLUSTRATION: **CATHY NOBLE**

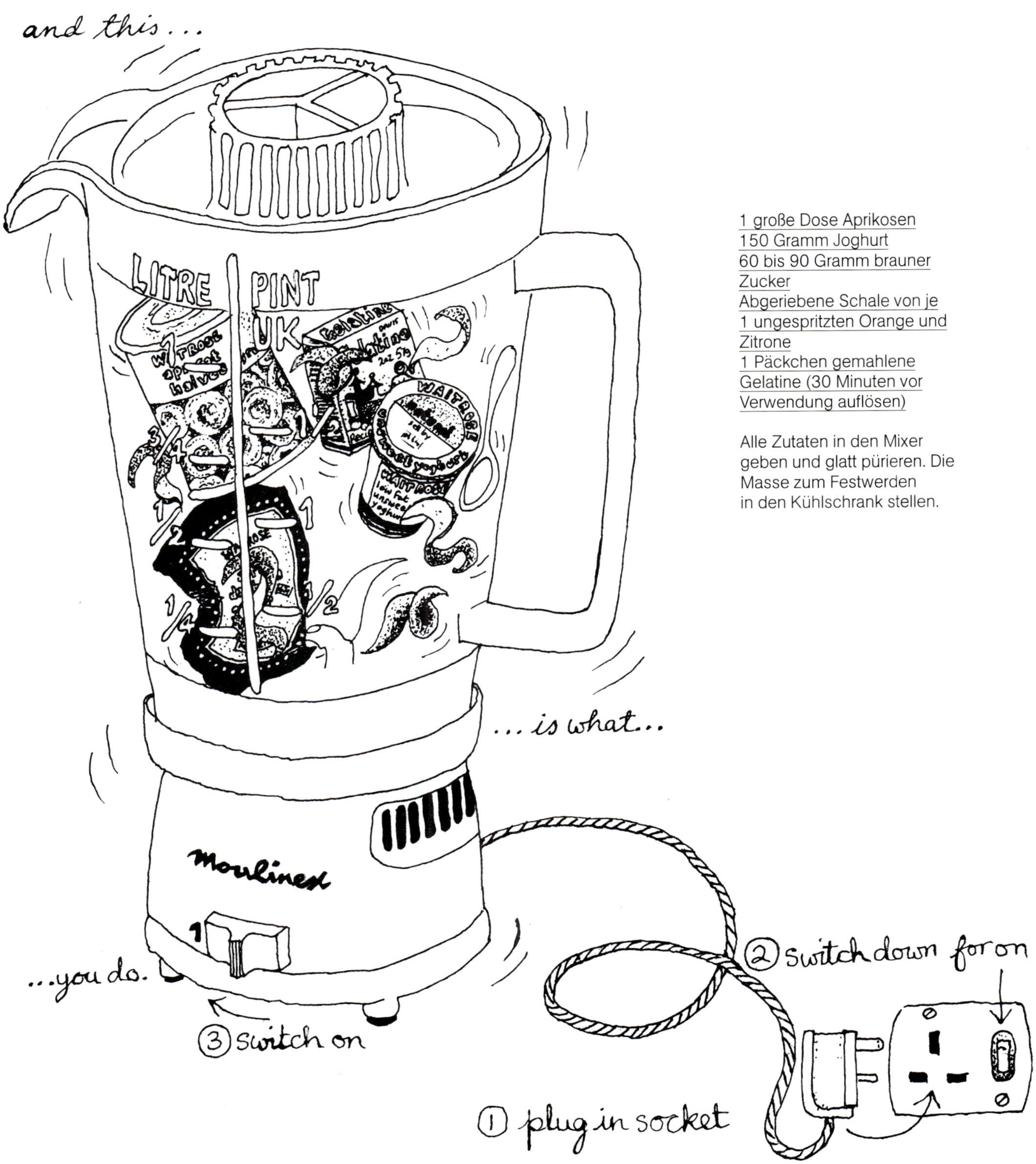

1 große Dose Aprikosen
150 Gramm Joghurt
60 bis 90 Gramm brauner Zucker
Abgeriebene Schale von je 1 ungespritzten Orange und Zitrone
1 Päckchen gemahlene Gelatine (30 Minuten vor Verwendung auflösen)

Alle Zutaten in den Mixer geben und glatt pürieren. Die Masse zum Festwerden in den Kühlschrank stellen.

FRÜCHTE IN WEINBRAND

PATRICK PROCKTOR

Reife italienische Pfirsiche häuten, halbieren und entsteinen. Große dunkle Weintrauben halbieren und entkernen. In eine Schüssel geben und mit reichlich Vecchia Romagna oder vergleichbarem Weinbrand übergießen.
Die Früchte vor dem Servieren 2 Stunden durchziehen lassen.

WINTERLICHER FRUCHTSALAT

BERNARD MYERS

Der leicht bittere, brandige Geschmack gerösteter Nüsse und das rauchige Aroma von Tee verleiht diesem Fruchtsalat eine typisch herbstliche Note.

120 Gramm kernlose Rosinen
90 Gramm Haselnüsse
2 Grapefruits
3 Orangen
3 Bananen
3 Eßlöffel frisch gebrühter Keemun-Jasmintee
4 Eßlöffel Orangenkonfitüre
4 Eßlöffel Kirschwasser

Rosinen 2 Stunden in lauwarmem Wasser einweichen. Haselnüsse im vorgeheizten Backofen bei 150°C (Gasherd Stufe 1) etwa 10 Minuten rösten, dabei gelegentlich schütteln. Sobald sich ihre Haut verfärbt und abzublättern beginnt, die Nüsse aus dem Backofen nehmen und die restliche Haut mit einem sauberen, trockenen Tuch abreiben.
Grapefruits und Orangen schälen und sorgfältig die gesamte weiße Schale entfernen. Die Grapefruits in Segmente teilen und das Fleisch mit einem scharfen Messer aus den Häuten herauslösen. Die Orangen in dünne Scheiben schneiden. Rosinen abtropfen lassen und abtrocknen. Zusammen mit Obst und Nüssen in eine Servierschüssel geben.
Den Tee aufbrühen. Die Marmelade mit Tee und Kirschwasser in einem kleinen Topf erhitzen. Über die Früchte gießen und mit einer Gabel sorgfältig untermischen. Den Obstsalat mindestens 6 Stunden kalt stellen, aber nicht direkt aus dem Kühlschrank servieren, weil er sonst nicht sein volles Aroma entwickelt.

Erdbeeren mit Mandeln

NATASHA SPENDER

ILLUSTRATION: **GARY McCARVER**

120 Gramm Zucker
160 Gramm feiner Zucker
100 Gramm gemahlene Mandeln
3 Eigelb und 3 Eiweiß
40 Gramm Mehl
Erdbeeren
Mandeln
Puderzucker

Butter und Zucker schaumig schlagen, bis sich der Zucker aufgelöst hat. Dann gemahlene Mandeln, Eigelb und Mehl hinzufügen. Zum Schluß das steifgeschlagene Eiweiß unterziehen. Die Masse in eine flache, ausgebutterte Kuchenform geben und bei 180°C (Gasherd Stufe 3) 30 bis 40 Minuten backen.
Wenn der Kuchen abgekühlt ist, die Erdbeeren daraufgeben, Mandeln dazwischenstecken und Puderzucker darüberstreuen. Mit pürierter Himbeersauce servieren. Oder Erdbeeren und Püree zusammen in einem Glasgefäß servieren und den in schmale Stücke geschnittenen Kuchen getrennt servieren. In diesem Fall bäckt man den Kuchen in einer quadratischen Form, damit er sich leichter teilen läßt.

RHABARBER-ERDBEER-GELEE

JAMES GOWAN

500 Gramm Erdbeeren
900 Gramm Rhabarber, saubergerieben
1 Eßlöffel gemahlene Gelatine
125 Gramm feiner Zucker

250 Gramm Erdbeeren durch ein Sieb streichen und beiseite stellen.
Den Rhabarber in Stücke schneiden. Mit ⅛ Liter Wasser in einen Topf geben und köcheln lassen, bis er sehr weich ist. Etwas abkühlen lassen, dann pürieren.
Die Hälfte des Rhabarberpürees in einen Topf gießen und vorsichtig erhitzen, dann die Gelatine unter ständigem Rühren darin auflösen. Die Masse in eine große Schüssel füllen. Das restliche Rhabarberpüree sowie den Zucker hinzufügen und so lange rühren, bis auch der Zucker aufgelöst ist. Schließlich die durch das Sieb gestrichenen Erdbeeren dazugeben und gut untermischen. Die Masse in eine ausgespülte Form gießen und in den Kühlschrank stellen. Wenn das Gelee fest geworden ist, mit den restlichen ganzen Erdbeeren dekorieren und auftragen.

VALERIES APFEL-ORANGEN-SPEISE

VALERIE LYONS

ILLUSTRATION: **HANNAH FIRMIN**

3 große Kochäpfel
3 große Orangen
100 Gramm brauner Zucker

Für die Haube

30 Gramm Margarine
2 Eßlöffel Rohrzucker-Sirup
120 Gramm Haferflocken
1 Teelöffel gemahlener Zimt
60 Gramm brauner Zucker

Äpfel schälen und das Kerngehäuse entfernen, dann in Scheiben schneiden. Orangen schälen und in Segmente teilen. Apfelscheiben, Orangensegmente und Zucker vermischen und in eine ofenfeste Form geben. Margarine und Sirup in einem Topf schmelzen. Den Topf von der Kochstelle nehmen und Haferflocken, Zimt und Zucker hinzufügen. Alles vermischen und dann auf Äpfeln und Orangen verteilen. Das Dessert 1 Stunde in den auf 180°C (Gasherd Stufe 3) vorgeheizten Backofen schieben, bis es goldbraun und knusprig ist.
Besonders gut schmeckt es mit Sauerrahm serviert.

SUES APFELBRÛLÉ

DAVID GENTLEMAN

Im Herbst genießen wir stets die üppige Apfelernte im Garten meiner Schwiegereltern in Norfolk. Und aus dem Fallobst wird die folgende herrliche Süßspeise bereitet. Ein dickes Apfelmus herstellen, das nicht zu süß sein darf. In eine feuerfeste Form geben (sie sollte etwa zu drei Vierteln gefüllt sein) und das Püree glattstreichen. Eine ½ bis 1 cm dicke Schicht sehr dunklen braunen Zucker darauf verteilen und darauf achten, daß er keine Klumpen enthält. Wiederum glätten. Dann das Dessert unter den Grill stellen und ununterbrochen beobachten. Es ist fertig, wenn es blubbert und funkelt. Zum Abkühlen beiseite stellen, dann in den Kühlschrank setzen. Wenn das Dessert ganz kalt ist, sollte die Oberfläche hart wie Toffee sein. Mit Sahne servieren.

FRÜHLINGSDESSERT

PETER O'MALLEY

1 Kilogramm Rhabarber
3 Eßlöffel Zitronensaft
500 Gramm Zucker
Dünne Weißbrotscheiben, ohne Kruste
Geschlagene Sahne

SPRING PUDDING

2 lb. Rhubarb, 3 Tbsp Lemon juice,
1½ lb Sugar
Thin slices White bread
> Whipped cream

Cut rhubarb into 1 inch segments, Combine rhubarb, lemon juice and sugar in a saucepan, bring to the boil stirring continuously, lower heat and simmer until rhubarb becomes soft. Don't let rhubarb disintegrate entirely. Trim crusts from bread, cut each slice in half lengthwise and line sides of soufflé dish, cut enough triangles to cover bottom, fill with rhubarb mixture, reserving some of its juice to pour over topping of more triangles, chill in fridge overnight, cover with whipped cream before serving.

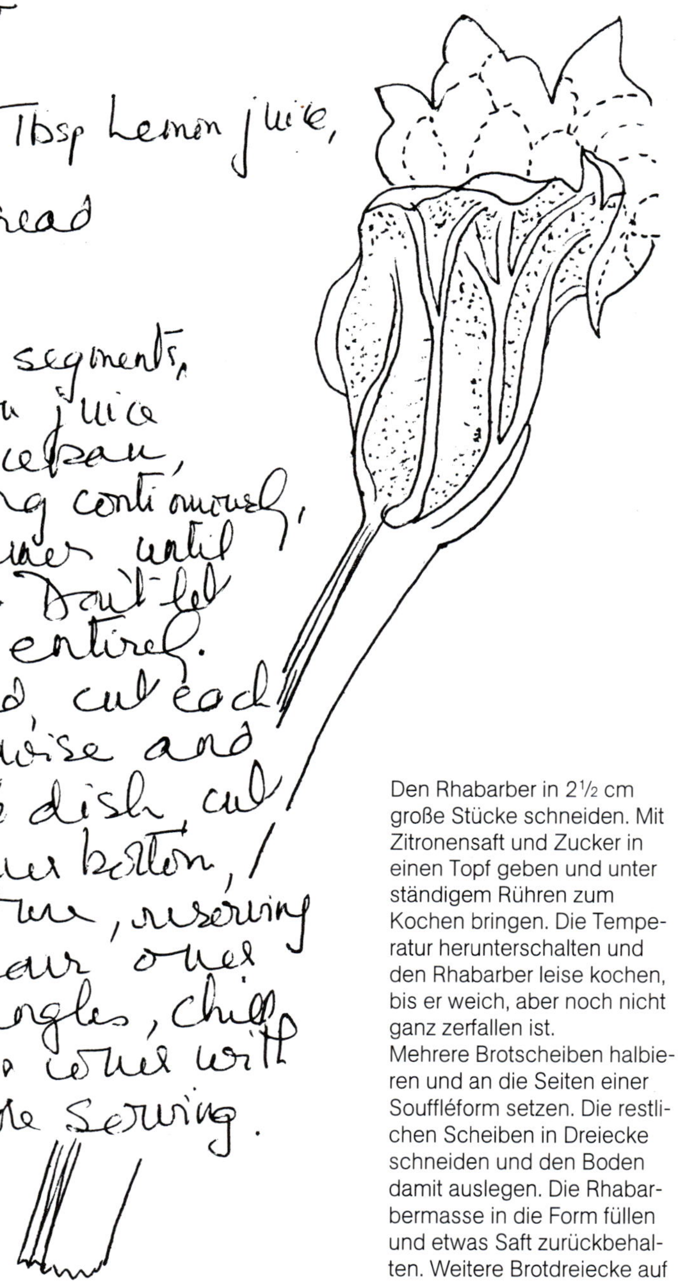

Den Rhabarber in 2½ cm große Stücke schneiden. Mit Zitronensaft und Zucker in einen Topf geben und unter ständigem Rühren zum Kochen bringen. Die Temperatur herunterschalten und den Rhabarber leise kochen, bis er weich, aber noch nicht ganz zerfallen ist.
Mehrere Brotscheiben halbieren und an die Seiten einer Souffléform setzen. Die restlichen Scheiben in Dreiecke schneiden und den Boden damit auslegen. Die Rhabarbermasse in die Form füllen und etwas Saft zurückbehalten. Weitere Brotdreiecke auf den Rhabarber legen und den aufbewahrten Saft darübergießen.
Das Dessert über Nacht im Kühlschrank kalt stellen und vor dem Servieren geschlagene Sahne daraufgeben.

TANTE NANCYS KOMPOTT

BERNARD NEVILL

ILLUSTRATION: **KRISTIN JAKOB**

500 Gramm Erdbeeren
750 Gramm saure, grüne Stachelbeeren
½ ungespritzte Zitrone
½ Frühstückstasse brauner Rohrzucker

Erdbeeren sorgfältig waschen und entstielen, Stachelbeeren putzen. In einen tiefen Topf geben und 5 cm hoch mit Wasser bedecken. Den ausgepreßten Zitronensaft hinzufügen, dann die Schale in Viertel schneiden und mit dem Zucker ebenfalls zu den Früchten geben. Das Ganze zum Kochen bringen und 30 Minuten köcheln lassen, dabei gelegentlich umrühren, damit die Früchte gut vermischt werden. Das Kompott in eine Schüssel füllen, abkühlen lassen und in den Kühlschrank stellen. Eiskalt mit Schlagsahne und Buttergebäck servieren.

(Comtesse Guy de Toulouse-Lautrec)

120 Gramm Bitterschokolade, in Stücke gebrochen
175 Gramm feiner Zucker
120 Gramm Butter
2 Eigelb
¼ Liter Kirschwasser (oder Cointreau)
300 Gramm Löffelbiskuits
¼ Liter Sahne

Die Schokolade im Wasserbad schmelzen und mit einem Holzlöffel glattrühren. Von der Kochstelle nehmen und die Hälfte des Zuckers, Butter, Eigelb und ⅛ Liter Kirschwasser hineinrühren. Alles gründlich vermengen. Eine Kuchenform ausbuttern. Den restlichen Kirsch mit der gleichen Menge Wasser mischen. Die Löffelbiskuits hineintauchen und nebeneinander auf den Formboden legen. Dann eine Schicht Schokolade darüberziehen. Abwechselnd so fortfahren, bis die Schüssel voll ist. Die letzte Schicht sollte aus Löffelbiskuits bestehen. Die Form anschließend für mehrere Stunden im Kühlschrank kalt stellen.
Vor dem Servieren die Form einige Sekunden in heißes Wasser tauchen, dann das Dessert auf eine Platte stürzen. Die mit dem restlichen Zucker gesüßte und geschlagene Sahne darüberziehen.

ROBERT BUHLER

Schokoladenmousse

Grind through a mincer,
slowly and evenly to ensure
a smooth texture.
For really large parties,
a larger moose is better –
it goes further.

(Das Wortspiel in diesem
»Rezept« ist leider nicht ins
Deutsche übersetzbar.
Es beruht auf dem gleichen
Klang der beiden Wörter
»mousse« = Schaumcreme
und »moose« = Elch).

ALTMODISCHER BROTPUDDING

SYBIL WALDOCK

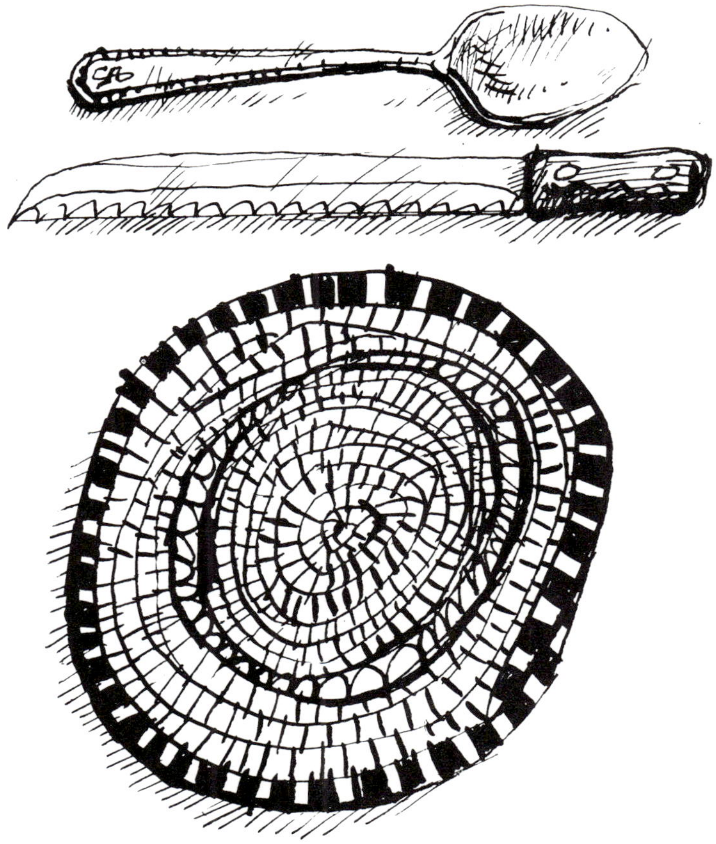

ILLUSTRATION: **BLAISE THOMPSON**

500 Gramm altbackenes Misch- oder Weißbrot
100 Gramm brauner Zucker
120 Gramm Sultaninen, Korinthen oder Rosinen
1 Eßlöffel Mehl
60 Gramm zerkleinerter Nierentalg
2 Teelöffel Gewürzmischung (Zimt, geriebene Muskatnuß, gemahlene Nelken)
Abgeriebene Schale und Saft 1 ungespritzten Zitrone

Das Brot einweichen, dann überschüssige Flüssigkeit ausdrücken. In eine Schüssel geben und die restlichen Zutaten hinzufügen. Alles gut vermischen und in eine ausgefettete Wasserbadform füllen. Mit Pergamentpapier abdecken und $2^1/_2$ Stunden dämpfen. Oder in eine Blechform geben, Pergamentpapier darüberlegen und 1 Stunde in den auf 150° C (Gasherd Stufe 1) vorgeheizten Backofen schieben. Dann das Papier entfernen, die Temperatur auf 200°C (Gasherd Stufe 4) heraufschalten und noch einmal 15 Minuten backen oder bis der Pudding goldbraun ist. Den Backofen ausschalten, den Pudding aber noch einige Minuten darin stehen lassen. Dann auf einen Teller stürzen und mit Zucker bestreuen.

MILCHTORTE

THEO CROSBY

Teig

175 Gramm Mehl
90 Gramm Butter oder Margarine, in Stücke geschnitten
30 Gramm feiner Zucker
30 Gramm Puderzucker
3 Eigelb, leicht verquirlt
Vanilleextrakt nach Geschmack

Füllung

1/4 Liter Milch
1 Teelöffel Butter
3 Eßlöffel Zucker
1 1/2 Eßlöffel Maisstärke
1 Ei, leicht geschlagen
Zimt

Das Mehl in eine große Schüssel sieben. In der Mitte eine Mulde machen und alle anderen Zutaten für den Teig hineingeben. Butter, Zucker, Eigelb und Vanilleextrakt verrühren und nach und nach auch das Mehl untermischen. Wenn es vollkommen eingearbeitet ist, den Teig mit der Hand flachdrücken, dann wieder zusammenpressen. Dies mehrmals wiederholen, anschließend den Teig 30 bis 40 Minuten ruhen lassen.
In der Zwischenzeit die Füllung zubereiten. Milch und Butter in den Topf geben und zum Kochen bringen, dann den Zucker hinzufügen. Die Maisstärke mit etwas Wasser verrühren und in die kochende Milch geben. Die Mischung vorsichtig eindicken lassen, schließlich das verquirlte Ei hineinrühren.
Den Teig ausrollen und eine Obstkuchenform damit auslegen. Die Füllung darauf verteilen und mit Zimt bestäuben. Den Kuchen etwa 25 Minuten im ziemlich heißen Backofen backen.

REGINALDS FRANZÖSISCHE TORTE

REG GADNEY

Dies ist kein Rezept für Feiglinge oder Pfennigfuchser – es erfordert zur Zubereitung einen guten Nachmittag Zeit und sehr viel Geduld. Es ist ganz wundervoll, unbeschreiblich, bombastisch süß und geeignet, überschwengliche Reaktionen hervorzurufen, daß vorsichtige Menschen statt dessen lieber Käse essen sollten.

Teig

Verwenden Sie eine Form mit losem Boden, damit der Kuchen zum Schluß ohne Schwierigkeiten herausgenommen werden kann. Dann einen Mürbeteig herstellen. Für eine Form mit 26 cm Durchmesser verwendet man 175 bis 250 Gramm Mehl. Das Mehl in die Schüssel geben, dann einen gehäuften Eßlöffel Zucker und eine Prise Salz hinzufügen. Mit 6 Eßlöffeln Schweineschmalz, etwas weniger Butter, 2 Eßlöffeln Palmin soft, 3 Eßlöffeln Wasser und 1 Eßlöffel Zitrone einen Teig herstellen. In die Form geben und etwa 10 Minuten bei 200° C (Gasherd Stufe 4) im Backofen backen, bis der Boden braun ist. Auf einem Kuchenrost zum Abkühlen beiseite stellen, damit er nicht klitschig wird.

Cremefüllung Reginald

250 Gramm groben Zucker und 6 Eigelb in eine Schüssel geben und mit einem elektrischen Rührgerät schlagen, bis die Mischung fest ist und gerade noch fließt.
250 Gramm gut gesiebtes Mehl hinzufügen und die Masse wiederum schlagen. Dann sehr langsam unter Rühren 3/8 Liter kochende Milch dazugeben. Die Mischung in einen Topf gießen und unter ständigem Rühren zum Kochen bringen. Die Temperatur herunterschalten und 3 bis 4 Minuten behutsam garen. Vom Herd nehmen und ein Butterstückchen, 2 Teelöffel Vanilleextrakt und 4 Teelöffel Cognac hinzufügen. Rühren.

Fertigstellung

Die Cremefüllung Reginald sorgfältig auf dem Tortenboden verstreichen. Dann Erdbeeren daraufsetzen. Verwenden Sie kleinere Exemplare; sie haben ein besseres Aroma. Etwas rotes Johannisbeergelee aufkochen und als Glasur über die Erdbeeren ziehen, damit alles glänzt. Die Torte nicht in den Kühlschrank stellen, aber auf Fliegen und verfrühte Gäste achten, die zum Naschen verführt werden könnten, noch bevor irgendein anderer erscheint.
Als Getränk kann nur gutgekühlter Champagner gereicht werden. Ich habe jede Variation dieser Torte erprobt, darunter auch die Rezepte von Simone Beck, Louisette Bertholle und Julia Child, aber meines ist das beste. Sie werden staunen, wie viele Leute sich Einlaß bei Ihnen zu verschaffen suchen, wenn Sie verkünden, daß auf Ihrem Kühlschrank eine französische Torte steht.

Müslipfannkuchen

BRIAN SMITH

*Design Researchers add silicon chips and small currents

Fashion Designers like it with turnups and potatoes in their jackets.

Industrial Designers add nuts and bolt it down

Painters find adding greens suits their palates

2 Eier
Butter
Milch
1 Eßlöffel Mehl
Mindestens 1 Eßlöffel Müsli

Der Zaghafte vermischt die Zutaten in einer Schüssel zu einem Teig und gießt diesen dann in die Pfanne. Der Verwegene dagegen gibt die Zutaten mit kreativer Unbekümmertheit direkt in die Pfanne. Mit Pfeffer, Salz, Chutney oder Marmelade essen.

*(Projektforscher fügen Silikonchips und Kleingeld hinzu.

Modedesigner mögen es mit Aufschlägen und Kartoffeln in ihren Jacken.

Industriedesigner geben Schraubenmuttern hinein und würgen es runter.

Maler finden, daß Grünzeug ihrem Gaumen schmeichelt.)

KARAMELPUDDING

MARGARET CASSON

ILLUSTRATION: **HUGH CASSON**

90 Gramm Zucker sowie
1 Eßlöffel Zucker extra
2 Eier
1/4 Liter Milch

Für die Zubereitung einen Dampfdrucktopf verwenden. Zunächst den Karamel herstellen: 90 Gramm Zucker in einem kleinen schweren Topf bei schwacher Hitze goldbraun werden lassen. 1 Eßlöffel Wasser hinzufügen und einige Sekunden rühren, während der Zucker weitersprudelt. Dann in eine leicht geölte 1/2 Liter fassende Auflaufform gießen.
Die Eier in einer Schüssel schlagen. Die Milch erwärmen, zu den Eiern geben und den restlichen Zucker hineinrühren. Die Masse auf den Karamel in der Souffléform gießen, diese mit Alufolie abdecken und auf einen Einsatz oder Steg in den Dampfdrucktopf setzen, in den 1/4 Liter Wasser gefüllt wurde. Den Deckel schließen, den Druck stark ansteigen lassen und den Karamelpudding 8 Minuten garen. Dann herausnehmen und nach dem Abkühlen für einige Stunden in den Kühlschrank setzen. Anschließend stürzen und mit Sahne servieren.

JOAN CATLIN

ILLUSTRATION: **EMMA CALDER**

- ¼ Liter Sahne
- Saft 1 Zitrone
- 1 Eßlöffel Grenadine oder reiner Himbeersirup
- Reichlich Weinbrand oder Sherry
- 1 Tropfen Vanilleextrakt

Alle Zutaten mit dem Schneebesen verrühren. Gekühlt in Weingläsern auf einem Bett aus wilden Himbeeren, Erdbeeren oder Pfirsichscheiben servieren, die mit blanchierten Mandeln gespickt sind.

SILBERSCHMIEDS BROTPUDDING

GERALD BENNEY

3 altbackene Croissants
Butter
Grober Zucker
Eine Handvoll Sultaninen
3/8 Liter Milch
1 Eßlöffel feiner Zucker
Vanilleschote (oder Vanilleextrakt)
2 Eier, in einer Schüssel verquirlt

Die Croissants längs in dünne Scheiben schneiden, dann in eine ausgebutterte Form schichten und auf jede Schicht etwas Zucker und einige Sultaninen streuen. Die Croissants nicht buttern. Für die Zubereitung einer Eiercreme Milch, Zucker und Vanilleschoten (oder etwas Vanilleextrakt) zum Kochen bringen und, nach Entfernen der Vanilleschote, zu den Eiern geben. Umrühren und die Masse über die Croissants gießen. Mit Zucker bestreuen und ins Wasserbad stellen. Bei mittlerer Hitze im Backofen garen, bis die Oberfläche braun und knusprig ist. Heiß servieren.

Urgrossmutters Weihnachtspudding

JOHN NORRIS WOOD

300 Gramm Rosinen (wenn möglich von Muskatellertrauben)
2 Gläser Wein oder Weinbrand
90 Gramm Korinthen
250 Gramm zerkleinerter Nierentalg
250 Gramm Semmelbrösel
250 Gramm heller oder dunkler Melassesirup
1 Teelöffel Piment
3/8 Liter Milch
90 Gramm Sukkade
Silbermünzen

Alle Zutaten gut vermischen. In eine Wasserbadform geben, mit Pergamentpapier und Mull abdecken und 2 Stunden kochen. Vor dem Verzehr noch einmal 2 Stunden kochen.

Birnenkuchen

KENNETH IRELAND

ILLUSTRATION: **MICHAEL FOREMAN**

300 Gramm Mehl
½ Teelöffel Salz
150 Gramm Butter
175 Gramm feiner Zucker sowie 2 Eßlöffel Zucker extra
60 Gramm gehackte Walnüsse
2 Eßlöffel Eiswasser
4 große Birnen, geschält, halbiert und ohne Kerngehäuse
1 Eiweiß, leicht geschlagen
150 Gramm Sahne, steifgeschlagen

Zunächst den Teig herstellen: Mehl und Salz in eine große Rührschüssel sieben, die Butter hinzufügen und mit den Fingerspitzen einarbeiten, bis die Mischung die Konsistenz von groben Semmelbröseln hat. 120 Gramm Zucker und 40 Gramm gehackte Walnüsse untermischen. Mit den Fingern das Eiswasser untermischen und den Teig kneten. Dann in eingefettetes Papier wickeln und für 30 Minuten in den Kühlschrank legen.
In der Zwischenzeit die Füllung zubereiten. Den restlichen Zucker mit 150 Millilitern Wasser in einem mittelgroßen Topf bei schwacher Hitze unter ständigem Rühren auflösen und den entstandenen Sirup 4 Minuten kochen lassen. Die Temperatur herunterschalten, die Birnenhälften dazugeben und sie 10 bis 15 Minuten köcheln oder bis sie weich sind. Zum Abkühlen beiseite stellen. Den Backofen auf 190°C (Gasherd Stufe 3) vorheizen.
Auf einem leicht bemehlten Brett zwei Drittel des Teigs zu einem großen Fladen ausrollen und ihn behutsam in eine 22 cm große Obstkuchenform heben. Überstehende Ränder abschneiden. Die Birnen aus dem Topf nehmen. Mit den schmalen Enden zur Mitte und den Schnittseiten nach unten auf den Teig setzen. Den Teigrand befeuchten. Den verbliebenen Teig entsprechend der Obstkuchenform ausrollen und als Deckel auf den Kuchen legen. Die Teigränder mit den Fingern vorsichtig zusammendrücken.
Das Eiweiß mit einem Pinsel auf den Teigdeckel streichen und 2 Eßlöffel feinen Zucker darüberstreuen. 30 bis 35 Minuten backen. Abkühlen lassen und mit der geschlagenen Sahne und den darübergestreuten Walnüssen servieren.

SPOTTED DICK

JOCELYN STEVENS

250 Gramm Butter
250 Gramm feiner Zucker
2 Eier, verschlagen
125 Gramm Mehl
1 Messerspitze Backpulver (unter das Mehl mischen)
1 Teelöffel Gewürzmischung (Zimt, geriebene Muskatnuß, gemahlene Nelken)
350 Gramm Sultaninen (oder Rosinen)
Abgeriebene Schale und Saft 1 ungespritzten Zitrone
$1/8$ Liter Milch
4 Eßlöffel Rohrzucker-Sirup

ILLUSTRATION: **ED DAY**

Butter und Zucker schaumig schlagen, bis eine blaßgelbe, lockere Masse entstanden ist. Eier hineinschlagen, dann Mehl, Gewürzmischung, Sultaninen sowie abgeriebene Schale und Saft der Zitrone unterziehen. Die Milch dazugeben.
Die Masse in eine eingefettete Wasserbadform gießen und mit Pergamentpapier oder Folie abdecken. Fest zubinden und $2\frac{1}{2}$ Stunden dämpfen.
Dann stürzen, den Sirup darübergießen und sofort servieren.

KUCHEN UND GEBÄCK

FRÜCHTEKUCHEN AUS DEM NORDEN

DOSIA VERNEY

ILLUSTRATION: **NICHOLAS HARDCASTLE**

500 Gramm Trockenobst
250 Gramm brauner Zucker
¼ Liter kalter Tee
1 Ei, kräftig geschlagen
250 Gramm Mehl
1 Teelöffel Backpulver

Trockenobst zusammen mit dem braunen Zucker über Nacht im kalten Tee einweichen. Ei und Mehl hinzufügen und alles gut vermischen. In einer eingefetteten Kastenform 1½ bis 2 Stunden in dem auf 150° C (Gasherd Stufe 1) vorgeheizten Backofen backen.

Schokoladen-Weinbrand-Kuchen

ANNE MORLEY

250 Gramm Vollkornkekse
250 Gramm Blockschokolade
250 Gramm Butter
2 Eier
90 Gramm Zucker
1 kleines Glas Weinbrand (oder Rum)
60 Gramm Walnußhälften
60 Gramm kandierte Kirschen

Die Kekse grob zerdrücken. Schokolade und Butter bei sehr schwacher Hitze schmelzen. Eier und Zucker zusammen schaumig schlagen, dann mit dem Schneebesen geschmolzene Schokolade und Butter hineinrühren. Zerdrückte Kekse, Weinbrand sowie drei Viertel der Walnüsse und Kirschen unterziehen. Die Masse in eine ausgebutterte Form gießen und mit den restlichen Nüssen und Kirschen garnieren. Bis 30 Minuten vor dem Servieren im Kühlschrank aufbewahren.

ILLUSTRATION: **LUCY DUPRE**

CASSATA ALLA SICILIANA

ALAN FLETCHER

500 Gramm Ricotta-Käse
300 Gramm feiner Zucker
Maraschino (nach Belieben)
Mindestens 125 Gramm Bitterschokolade, in kleine Stücke gebrochen
Mindestens 125 Gramm Sukkade, gehackt
125 bis 175 Gramm lockerer Biskuitkuchen
Puderzucker

Den Ricotta durch ein Sieb in eine Schüssel streichen, den Zucker hinzufügen und die Masse schaumig schlagen. Nach Geschmack Maraschino dazugeben, dann Schokolade und Sukkade hinzufügen.
Eine hohe Kuchenform mit Pergamentpapier auslegen. Den Biskuit in 1 cm dicke Scheiben schneiden und die Form damit auskleiden. Etwas Maraschino auf den Biskuit träufeln. Die Ricottamasse hineingießen und glattstreichen. Mit dem restlichen Biskuit bedecken. Die Form für mehrere Stunden oder über Nacht in den Kühlschrank stellen. Dann auf einen Servierteller stürzen und mit Puderzucker bestäuben.

*(Trink ein Glas Bouzy Champagner mit einer Scheibe Cassata alla Siciliana. Bouzy ist ein Dorf in der Champagne. Das im Englischen gleichlautende Wort »boozy« dagegen hat die Bedeutung »zu Kopf steigend«.)

SCHWARZER SCHOKOLADENKUCHEN

JAMES PARK

Dies ist ein gefährlicher Kuchen für echte Schokomanen. Er ist dunkel, schmeckt etwas bitter und wird aus einer herrlichen Mischung aus Biskuit und Füllung gemacht. Außer Reichweite von Kindern aufbewahren.

125 Gramm Mehl, gesiebt
1 gestrichener Teelöffel Backpulver
125 Gramm feiner Zucker
3 große frische Eier
125 Gramm weiche Margarine
2 gehäufte Eßlöffel gesiebtes Kakaopulver
1 gehäufter Eßlöffel Zimt
2 bis 3 Eßlöffel Milch
Eine Prise Salz

Für Überzug und Füllung

175 Gramm Halbbitterschokolade
150 Gramm Sauerrahm
2 Eßlöffel Weinbrand (nach Belieben)
Walnußhälften

Den Backofen auf 175°C (Gasherd Stufe 2) vorheizen. Eine Ringform von 22 cm Durchmesser einfetten und mit Mehl ausstreuen. Alle Zutaten für den Kuchen in eine Rührschüssel geben und – entweder mit dem Schneebesen oder mit dem elektrischen Rührgerät – zu einem glatten Teig verarbeiten. Diesen in die Form geben und 25 bis 30 Minuten backen. Wenn der Kuchen fertig ist, einige Minuten abkühlen lassen und dann auf einen Kuchenrost stürzen.

Zur Herstellung von Füllung und Überzug die zerkleinerte Schokolade in eine Schüssel geben und diese auf einen Topf mit leise kochendem Wasser setzen. Die Sahne hinzufügen und rühren, bis die Schokolade geschmolzen ist.

Den Kuchen waagrecht in der Mitte auseinanderschneiden und mit Weinbrand beträufeln. Die Hälfte der Schokoladencreme auf den unteren Teil streichen, den Rest über den Kuchen ziehen. Mit Walnußhälften verzieren.

SCHIESSPULVERKUCHEN

ROGER NICHOLSON

* "Gunpowder Cake"

An incredible receipe for a cake. Almost the best I have eaten
Very economical. A War time receipe. Icing & Gunpowder
optional according to taste.

Zusammen sieben

175 Gramm Mehl
2 Teelöffel Backpulver
250 Gramm Zucker
1 Teelöffel Natriumbikarbonat
2 Eßlöffel Kakao

Zerlassen und verrühren

150 Gramm Margarine
2 Eßlöffel Essig!
¼ Liter warmes Wasser
Ein Spritzer Vanilleextrakt

Alle Zutaten vermischen, in eine gut ausgefettete Kuchenform gießen und bei 190°C (Gasherd Stufe 3) 45 Minuten backen.

*(»Schießpulver-Kuchen«. Ein unglaubliches Rezept für einen Kuchen. Vielleicht den besten, den ich gegessen habe. Und sehr ökonomisch. Ein Rezept für Kriegszeiten. Zuckerguß und Schießpulver je nach Geschmack.)

EHEKUCHEN

JEAN SOUTHWOOD

ILLUSTRATION: **MEL CALMAN**

200 Gramm Haferflocken
125 Gramm Mehl
125 Gramm brauner Zucker
¼ Teelöffel Natriumbikarbonat
½ Teelöffel Backpulver
250 Gramm Butter

Für die Füllung

250 Gramm entsteinte Datteln
3 Eßlöffel brauner Zucker
Saft ½ Zitrone

Zunächst die Füllung zubereiten: Die Datteln in ⅛ Liter Wasser mit braunem Zucker und Zitronensaft kochen, bis sie weich sind, dann abkühlen lassen.
Anschließend den Teig herstellen: Die trockenen Zutaten vermischen, dann die Butter hinzufügen und mit den Fingern einarbeiten. Die Hälfte des Teigs in einer Kuchenform verteilen, die Dattelfüllung daraufgeben und zum Schluß den restlichen Teig. Den Kuchen bei mittlerer Hitze 23 bis 30 Minuten im Backofen backen.

*(Hast Du die Vorwürfe mit eingerührt?)

ZOO-KEKSE

125 Gramm Mehl
125 Gramm Maisstärke
125 Gramm feiner Zucker
125 Gramm Butter
1 großes Ei, verquirlt

Mehl und Maisstärke in eine Schüssel sieben, den Zucker hinzufügen und dann die Butter einarbeiten. Das Ei dazugeben und einen Teig herstellen. Auf einem bemehlten Brett dünn ausrollen.
Aus dünner Pappe Tierfiguren ausschneiden, auf den ausgerollten Teig legen und mit einem scharfen Messer um die Schablonen herumschneiden.
Die Kekse bei mittlerer Hitze (190°C oder Gasherd Stufe 3) etwa 12 Minuten backen, bis sie gebräunt sind.
Zum Schluß verzieren.

GROSSMUTTERS SPEZIALKEKSE

HILARY C. WATSON

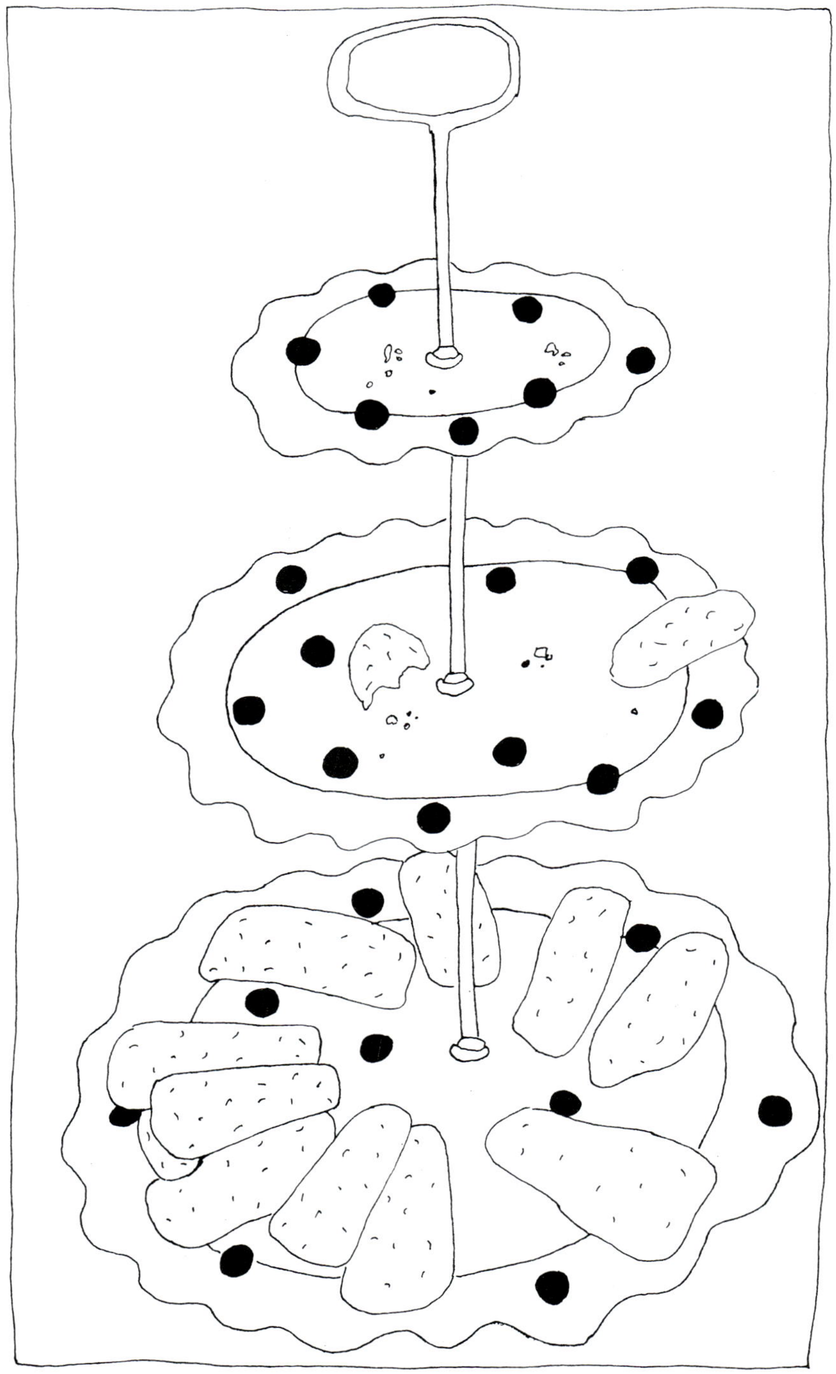

ILLUSTRATION: **SIOBHAN NOONAN**

120 Gramm Butter (oder 60 Gramm Butter und 60 Gramm Margarine)
125 Gramm Zucker (je feiner, desto besser, grober tut es aber auch)
250 Gramm Mehl
2 Teelöffel Backpulver

Den Backofen auf 180°C (Gasherd Stufe 2–3 vorheizen).
Die Butter in einen Topf geben und bei schwacher Hitze zerlassen. Wenn sie geschmolzen ist, den Zucker hinzufügen. Rühren, bis sich der Zucker aufgelöst hat. Die Temperatur noch weiter herunterschalten und das Mehl in die Mischung sieben, dabei darauf achten, daß alles gut verrührt wird.
Ist das Mehl vollständig hineingesiebt, sollte die Masse eher die Konsistenz eines Teigs als eines fließenden Sirups haben. Zwischen zwei Stücke Pergamentpapier geben und ausrollen. (Ohne Papier würde die Masse wie Beton an Brett und Nudelholz klebenbleiben.)
In keksgroße Stücke schneiden und auf ein eingefettetes Backblech setzen. Etwa 12 bis 15 Minuten im Backofen backen, bis die Kekse blaßgoldgelb sind.

CHUTNEYS, SAUCEN UND ANDERE KÖSTLICHKEITEN

Scharfes Bananenchutney

JOY LAW

ILLUSTRATION: **GILL BRADLEY**

2 große Zwiebeln, feingehackt oder durchgedreht
500 Gramm entsteinte Datteln, feingehackt
16 reife Bananen, in Scheiben geschnitten oder zerdrückt
250 Gramm kandierter Ingwer, gehackt
Salz
Einlegegewürz
Weinessig
500 Gramm dunkler Melassesirup

Zwiebeln, Datteln, Bananen und Ingwer in einen großen Kochtopf geben, 1 Eßlöffel Salz und das in ein Säckchen gebundene Einlegegewürz hinzufügen. Alles knapp mit Essig bedecken und 5 Minuten kochen, dann das Säckchen herausnehmen. Melassesirup hinzufügen und den Topfinhalt noch einmal 20 Minuten unter ständigem Rühren vorsichtig garen. Das Chutney heiß abfüllen.

CHRISTOPHER FRAYLING

»Ruhig Blut« murmelte Sergeant »Big Mac« im Flüsterton, als er das letzte Glas Chutney des Regiments eine Armeslänge von den hungrigen Königen des Dschungels entfernt verteidigte.
Es war eines jener alltäglichen Ereignisse, die entschlossenes Handeln von ihm erforderten.
Mit einem einzigen Sprung hatte er sich befreit, indem er einfach gleichzeitig die Riesenpython fest umklammerte, den reißenden Tiger kastrierte und den ehrfurchtgebietenden Löwen zum Schweigen brachte.
»Gut so«, sagte er etwas verträumt, »wäre mir das kostbare Glas Chutney abhanden gekommen, hätte man mich aus dem Regiment gefeuert.«
Tatsächlich hätte er sich nicht in solche Gefahr begeben müssen: Er wußte nicht, daß der Kommandeur einen alten Elefanten überredet hatte, sich das Rezept zu merken – und zwar bis ins kleinste Detail ...

500 Gramm Datteln
500 Gramm Rosinen
1 Kilogramm Äpfel
1 Kilogramm brauner Zucker
125 Gramm eingelegter Ingwer (oder Ingwerwurzel)
4 bis 6 Knoblauchzehen
1 Teelöffel Cayennepfeffer
1 Eßlöffel Salz
1 Liter Malzessig

Datteln und Rosinen hacken, ebenso die Äpfel nach Entfernen des Kerngehäuses.
Mit allen anderen Zutaten in eine Schüssel geben und über Nacht durchziehen lassen.
Am folgenden Tag die Mischung in einen großen Topf gießen, zum Kochen bringen und 1 Stunde köcheln lassen. Nach Belieben in Nesseln eingebundene Senfsamen hinzufügen, um dem Chutney zusätzliche Schärfe zu verleihen.
Für Regimentsbedarf die Zutatenmengen verfünf- oder verzehnfachen und ausreichend leere Gläser anfordern.
Das Chutney paßt hervorragend zu kaltem Fleisch, Käse und natürlich Currys.

*(Sergeant Maclaglen auf dem Weg zurück ins Lager mit dem Regiments-Chutney, überrascht von den Königen des Dschungels.)

Mayonnaise à la Robin

RICHARD GUYATT

Robin Darwin war immer besonders stolz auf sein altes Mayonnaisenrezept gewesen (er gab dazu sogar einmal ein Interview in »Women's Hour«. Stets betonte er, daß das Geheimnis der Kunst darin liege, die Masse mit einem Holzlöffel geduldig zu schlagen, bis der kritische Punkt erreicht sei, an dem man die Sauce in der Rührschüssel umdrehen könne und sie darinnen bliebe, also den Gesetzen der Schwerkraft trotze. Bei einem Besuch im Castle Howard überredete er seine Gastgeber, in die Küche gehen zu dürfen, um für die Dinnerparty an jenem Abend seine Mayonnaise zubereiten zu können. Und er übertraf sich selbst in seiner Kunst. Als ihm dann am Abend schließlich die Sauce gereicht wurde, konnte er der Versuchung nicht widerstehen: Er nahm die Sauciere vom Tablett, sprang auf, drehte triumphierend eine improvisierte Pirouette, die darin gipfelte, daß er den Test über seinem Kopf ausführte ... da geschah die Katastrophe! Er übersah, daß die Sauce zwar an Porzellan haftenbleibt, an Silber dagegen ...

Ergibt 6 große Portionen

3 Eigelb
1/2 Teelöffel Salz
Estragonessig
Zitronensaft
1/4 Liter Olivenöl

Das Eigelb in eine Schüssel geben und gut verrühren. Salz, ein oder zwei Tropfen Estragonessig und wenig Zitronensaft dazugeben. Dann tropfenweise und mit großer Vorsicht das Olivenöl hinzufügen, dabei ununterbrochen mit einem Holzlöffel rühren. Wenn die Masse dick wird, die Rührgeschwindigkeit behutsam erhöhen.
Von Zeit zu Zeit Essig hineinträufeln, aber wiederum sehr vorsichtig. Gibt man zuviel dazu, besteht die Gefahr, daß die Konsistenz der Sauce verdorben wird. Weiterhin in sanftem Rhythmus rühren, bis die Masse so dick und fest ist, daß sie den »Darwintest« besteht.

Anmerkung: Als Besonderheit kann man sehr fein gehackten Schnittlauch hinzufügen, der die Sauce hellgrün werden läßt; einige Tropfen Tabasco hingegen färben sie rosa.

TOFFEEÄPFEL

JOAN CATLIN

ILLUSTRATION: **GREGG BECKER**

250 Gramm Zucker
1/8 Liter Wasser
1/2 Eßlöffel Butter
1 Eßlöffel Melassesirup
1 Eßlöffel Essig
6 bis 8 Tafeläpfel, auf Holzspieße gesteckt

Zucker, Wasser, Butter, Melassesirup und Essig in einen Topf geben und bei niedriger Temperatur erhitzen. Wenn alle Zutaten geschmolzen sind, die Mischung zum Kochen bringen – aber nicht rühren! Weiterkochen, bis etwas in kaltes Wasser getropfter Toffee einen steifen Faden bildet, der bricht.
Die Äpfel rasch im Toffee drehen, dann zum Abkühlen auf einen gebutterten Teller legen.

ROBERT GOODDEN

ILLUSTRATION: **HANNAH FIRMIN**

Quitten, geschält und ohne Kerngehäuse
Einmachzucker
Puderzucker

Die Quitten in einen großen Topf geben und zu drei Vierteln mit Wasser bedecken. Vorsichtig garen, bis die Früchte sehr weich sind, dann abtropfen lassen und durch ein Sieb streichen. Das Quittenpüree abmessen, wieder in den Topf geben und die gleiche Menge Zucker hinzufügen. Unter häufigem Rühren sehr behutsam kochen, bis die Masse wie ein Vulkan brodelt (Kochhandschuhe tragen und einen langstieligen Löffel benutzen!), tiefbernsteinfarben ist und sich von der Topfwand zu lösen beginnt. Das kann recht lange dauern, also nicht die Geduld verlieren. Das dicke Quittenpüree in flache eingeölte Backformen schöpfen und abkühlen lassen.
Wenn es kalt und fest geworden ist, in mundgerechte quadratische Stücke schneiden, in reichlich Puderzucker wälzen und aufbewahren. Das Naschwerk hält sich mindestens bis Neujahr.

TERRY FROST

8 große schwarze Oliven, entsteint
Meersalz

Die Oliven auf einen Spieß stecken und auf dem Holzkohlengrill sehr heiß werden lassen. Dann herunternehmen und großzügig mit Salz bestreuen.
3, 5 oder 8 heiße Oliven in den Mund stecken. Die nachfolgende Explosion schafft einen klaren Kopf. Trinken Sie darauf ein Glas Ouzo und setzen Sie Ihren Weg zu Aphrodite in Klarheit fort.

To enable lovers of Ouzo to get their second wind, & continue their journey to Aphrodite

ZITRONENLIMONADE

JOAN CATLIN

ILLUSTRATION: **ANN MARSHALL**

2 ungespritzte Zitronen
15 Gramm Weinstein
300 Gramm Zucker

Die Schale der Zitronen abreiben, dann die Früchte in dünne Scheiben schneiden. Zitronenscheiben, abgeriebene Schale, Weinstein und Zucker in einen großen Krug geben. 1 Liter kochendes Wasser darübergießen und rühren, bis sich der Zucker aufgelöst hat. Abkühlen lassen.
Gekühlt und nach Geschmack verdünnt servieren.

SHEILA ROBINSON

I cook as seldom as possible,
but I do need marmalade –
Take 30 Seville oranges, four lemons,
wash, put the whole fruit into a pan,
cover with water, simmer until tender,
pour the lot into a bowl, until the next day.
Put 12lbs preserving sugar into the pan,
the sliced fruit, separating the pips,
6½ pints liquid, adding water if there is
not enough from the first simmering, pips–
tied in muslin, boil gently, stirring, test
after 2½ hours, cool, pot, cover.
All this makes about 20lbs of marmalade – or more.
SR.

Ergibt etwa 9 Kilogramm Marmelade

30 ungespritzte Sevilla-Orangen
4 ungespritzte Zitronen
5 Kilogramm Einmachzucker

Die gewaschenen Früchte mit Wasser bedeckt in einem Topf köcheln lassen, bis sie weich sind. Dann das Ganze in eine Schüssel geben und einen Tag stehen lassen. Die Früchte in Scheiben schneiden, die Kerne in ein Musselinsäckchen füllen und zusammen mit dem Zucker sowie 3½ Litern Flüssigkeit (Garflüssigkeit vom Vortag, die gegebenenfalls mit Wasser aufgefüllt wird) in einen Topf geben. Unter regelmäßigem Rühren etwa 1½ Stunden kochen, bis die Masse geliert. Vor dem Abfüllen in angewärmte Gläser etwa 10 Minuten stehenlassen.

JOY LAW

ILLUSTRATION: **GARY McCARVER**

Karamelsauce

175 Gramm brauner Zucker
1/4 Ahorn-Sirup
120 Gramm Butter
1/4 Liter Sahne

Zucker, Sirup und Butter in einen Topf geben und erhitzen, bis sich der Zucker aufgelöst hat. Die Sahne hinzufügen und zum Kochen bringen.

Schokoladensauce

120 Gramm Bitterschokolade
15 Gramm Zucker
6 Eßlöffel Sahne
60 Gramm Butter
6 Eßlöffel Milch

Die Schokolade schmelzen. Zucker, Sahne, Butter und Milch in einen Topf geben und zum Kochen bringen, dann die geschmolzene Schokolade hinzufügen. Die Mischung wiederum aufwallen lassen, dann in eine Schüssel gießen und schlagen, während sie abkühlt.

Marssauce

Pro Person ein Riegel Mars schmelzen und über Vanilleeis schöpfen.

PAUL HUXLEY

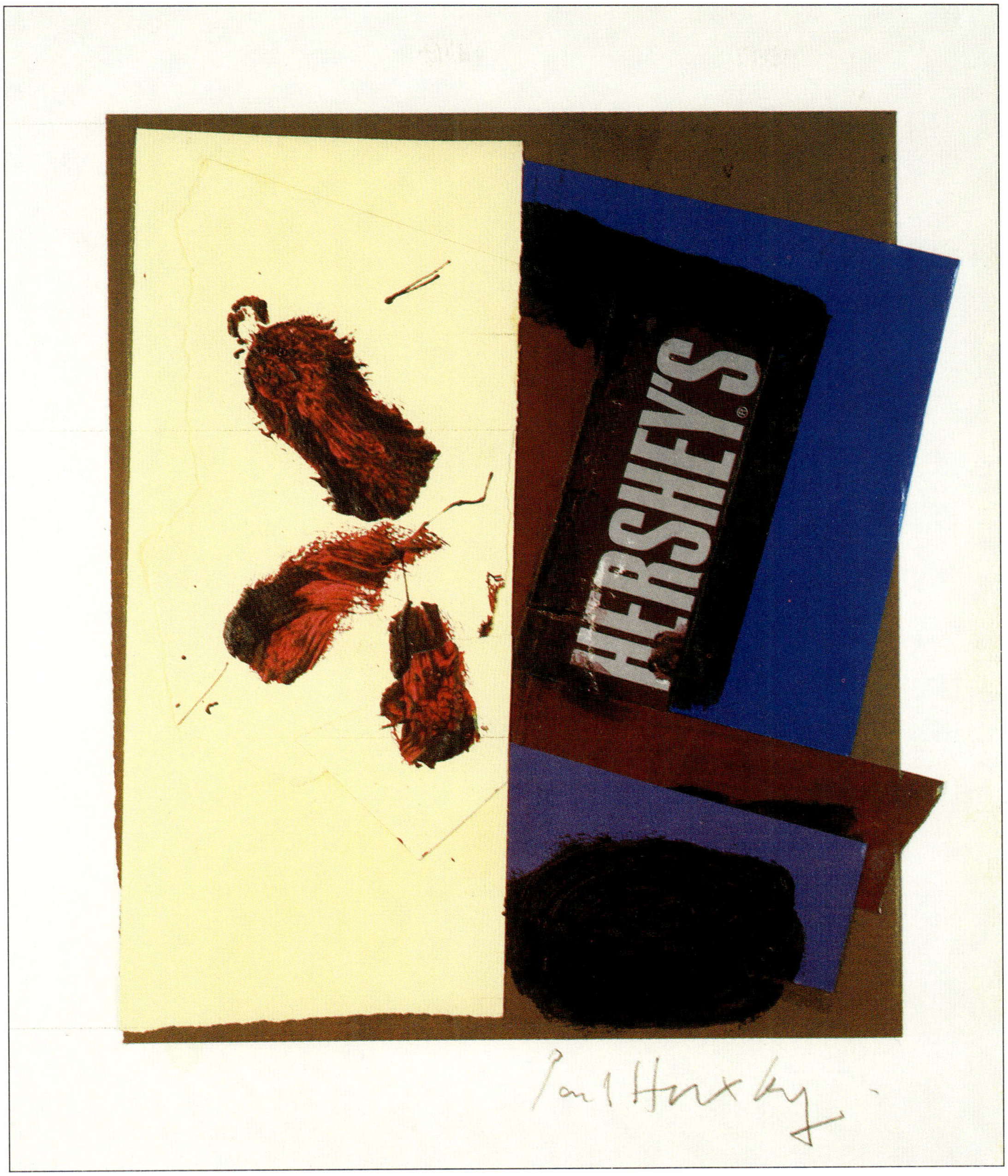

Es war im August 1964. Ich hatte einen anderen Süchtigen gefunden, und nun saßen wir bei Schrafft's in der East 57th Street. Ich sollte mit einem heißen Schokoladen-Karamel-Eisbecher bekannt gemacht werden. Auf dem Tisch stand, in schwitzenden Gläsern, Eiswasser. Alles war bereit.
Dann folgte der größte Schock meines zweijährigen Aufenthalts in den USA. Die Schokoladen-Fata-Morganen standen kaum auf dem Tisch, als sich mein Freund schon beschwerte: »Ich sagte, ›keine gehackten Nüsse!‹«, und unverzüglich verschwanden beide im Abfalleimer.
Jeder, der wie ich während des Krieges in Großbritannien groß wurde, ist außerordentlich gefährdet, dem Schokolismus zu verfallen. Mich hatte es früh erwischt. Marsriegel, »petit pot au chocolat«, Schwarzwälder Kirschtorte – alles Kinderkram. Die »harte Droge« ist heiße Schokoladensauce – schwarz, unheimlich und nicht zu süß.
Und so wird sie zubereitet: Zwei große Löffel Rohzucker-Sirup in einen Topf geben, dann etwa die gleiche Menge Kakaopulver und einen Spritzer Wasser hinzufügen. Erhitzen und rühren, bis alles aufgelöst ist. Eine Prise Salz dazugeben. Die heiße Sauce über eine große Portion Stracciatella (Vanilleeis mit Schokoladenstückchen) gießen. Zwischendurch kaltes Wasser nippen.

PETER DE FRANCIA

ILLUSTRATION: **LESLIE JOHNSON**

Dieses Rezept ist so einfach und das Resultat so verlockend, daß es eigentlich keinen Grund gibt, warum das Einlegen von Früchten in Alkohol nicht zu einem der beliebtesten Hobbys einer breiten Bevölkerungsschicht werden sollte. Früchte bekommt man in reichlichen Mengen, nur mit der Beschaffung der notwendigen Alkoholmengen ist es wegen der bestehenden Bestimmungen und Gesetze etwas schwieriger. Auch gute Beziehungen zu Apothekern und Ärzten nützen nichts: Äthanol (90prozentiger Weingeist) ist zu hochprozentig, und zur Verwendung von Methanol (giftig!) sollten sich selbst Fanatiker nicht hinreißen lassen.

Ferner brauchen Sie Gläser, vorzugsweise mit stabilen Schraubverschlüssen, oder Einmachgläser mit Gummiringen und Metallklammern.

Am besten lassen sich Kirschen einlegen, insbesondere die roten; doch auch Renekloden, Aprikosen, kleine Pfirsiche und die großen Dattier-Trauben (meist Mitte September im Handel) sind ausgezeichnet. Bei Kirschen und Weintrauben läßt man 5 cm lange Stiele stehen, damit man sie leichter aus der Hand essen kann. Bei allen anderen Früchten sollte man die Haut mit einer Nadel einstechen. Mittelgroße Renekloden werden beispielsweise etwa 10mal eingestochen. Auf diese Weise können die Früchte den Alkohol besser aufnehmen. Pfirsiche werden, bis auf sehr kleine Früchte, halbiert. Eine Mischung aus allen Früchten, ungedudig in die Gläser gestopft, ist nicht empfehlenswert. Diese Methode, mit der man die sogenannte »Confiture de vieux garçons« herstellt, ist nur bei Leuten über 80 vertretbar.

Das Obst – es sollte nicht überreif sein – wird dicht in die Gläser eingeschichtet, aber nicht hineingepreßt. Auf ein 20 cm großes Glas gibt man durchschnittlich 2 Dessertlöffel feinen Zucker. Dann wird etwa 45prozentiger Alkohol (verdünnter Weingeist) über die Früchte gegossen, die vollkommen bedeckt sein sollten. Darauf achten, daß die Flüssigkeit nicht mit dem Gummiring in Kontakt kommt, deshalb etwa ½ cm zwischen Alkohol und Ring freilassen. Dann den Deckel fest aufsetzen.

Anschließend ist nur noch Geduld vonnöten. Bevor die Früchte genossen werden, sollte mindestens ein Jahr ins Land gehen. Während dieser Zeit verändert der Inhalt des Glases seine Farbe, und meist wird das Obst dunkler.

Was den idealen Aufbewahrungsort angeht, so gibt es zwei voneinander abweichende Meinungen: Die einen behaupten, die Gläser müßten dunkel in einem Schrank aufbewahrt werden, die anderen vertreten die Auffassung, daß man sie am besten in eine Regal stellt und Licht sich sogar positiv auf den Reifeprozeß auswirkt. Langjährige Erfahrung hat aber gezeigt, daß beide Verfahren zu völlig gleichen Ergebnissen führen.

Schließlich schöpft man die Früchte in Gläser und ißt sie entweder mit dem Löffel oder, wenn es sich um Kirschen oder Weintrauben handelt, mit den Fingern. Der Alkohol wird getrunken und schmeckt oft sehr viel besser als teurer Weinbrand.

LIKÖRE AUS DEM 18. JAHRHUNDERT

FRANK GUILLE

Im Jahr 1780 schrieb mein Urururururgroßvater Jean Guille in einem Notizbuch die Rezepte nieder, die im Familienunternehmen zur Herstellung von alkoholischen Getränken verwendet wurden. Einige Jahre zuvor hatte er Frankreich verlassen und war nach England gegangen. Die Franzosen unterscheiden bei Spirituosen – entsprechend der Konsistenz, Süße und des Alkoholgehalts – die dicken, öligen »crèmes, huiles« und »baumes« und die klaren, nicht so süßen »eaux«, Auszüge oder Elixiere. Für alle nimmt man als Ausgangsprodukt entweder geschmacklosen, qualitativ einwandfreien Alkohol oder, für besondere Zubereitungen, Weinbrand, Whisky oder Rum, ferner zum Süßen Zucker, Honig oder Sirup sowie Würzessenzen aus Kräutern, Gewürzen und so weiter. Sie werden entweder durch Destillation gewonnen oder durch Mazeration, wobei man die Aromaten im Alkohol ziehen läßt und ihn dann filtert und abzieht, ähnlich wie bei der Weinherstellung, obwohl hier keine Gärung erfolgt. Durch Mazeration hergestellte Spirituosen fallen in die Kategorie der »eaux«, Auszüge und Elixiere.

Jean Guille verwendete fast nur Weinbrand. Weinbrand kostete vor Ende des 18. Jahrhunderts ungefähr 75 Pfennig pro Liter. Wer nicht darauf vorbereitet ist, einen Oxhoft (altes Flüssigkeitsmaß [Wein]; etwa 241 l) von 53 Gallonen herzustellen, wie in diesen Rezepten vorgesehen, muß – wenn nur 1 Liter zubereitet werden soll – die angegebenen Mengen durch 241 teilen.

Das Notizbuch enthält 21 Rezepte. Manche sind nach der wichtigsten Aromazutat – Zimt, Nelken, Muskatblüte, Fenchel und so weiter – benannt, andere tragen exotischere Namen. Wer könnte »Öl der Venus« oder »Echtem Liebeswasser« widerstehen? Wermutwasser allerdings könnte gefährlich sein. Absinth enthielt Wermut – der angeblich Menschen zum Irrsinn treibt –, und heute ist es in Europa und den USA verboten, ihn herzustellen.

Öl der Venus

Ergibt 1 Oxhoft

1 Pfund Kümmel
120 Gramm Muskatblüte
120 Gramm Nelken
240 Gramm Ingwer
240 Gramm Zimt
1/8 Liter Lavendelextrakt
240 Gramm Cedratextrakt*
210 Gramm Safran
40 Pfund Zucker
220 Liter Weinbrand
18 Liter Wasser

Fenchelwasser

Ergibt 1 Oxhoft

6 Pfund Fenchelsamen
1 Pfund Veilchenwurz (Iris florentina)
1 Pfund Lakritze
35 Pfund Zucker
200 Liter Weinbrand

Echtes Liebeswasser

Ergibt 1 Oxhoft

90 Gramm Muskatblüte
90 Gramm Zimt
90 Gramm Nelken
240 Gramm Koriandersamen
1/8 Liter Cedratextrakt*
40 Pfund Zucker
240 Gramm Cochenille
60 Gramm Alaun
190 Liter Weinbrand
50 Liter Wasser

Florences Lieblingstrunk

Ergibt 1 Oxhoft

1 Pfund Muskatblüte
1 Pfund Kümmel
7 Eßlöffel Zitronenextrakt
40 Pfund Zucker
182 Liter Weinbrand
60 Liter Wasser

Geckenlikör

Ergibt 1 Oxhoft

3 Pfund Bittermandeln
120 Gramm Kümmel
60 Gramm Engelwurzsamen
240 Gramm Nelken
1 Pfund Koriandersamen
1/8 Liter Cedratextrakt*
40 Pfund Zucker
220 Liter Weinbrand
4 Gallonen Wasser

Wermutwasser

Ergibt 1 Oxhoft

10 Pfund Wermut
240 Gramm Kümmel
240 Gramm Zimt
40 Pfund Zucker
220 Liter Weinbrand
18 Liter Wasser

*Cedrat ist eine Zitronensorte

MARGARET CASSON

ILLUSTRATION: **HUGH CASSON**

Ich habe immer einige Dosen Ratatouille (lt. französischem Wörterbuch Fraß, schlechtes Essen) im Haus, und wenn Reste von kaltem Fleisch, Huhn, Schinken oder Fisch übrig sind, bereite ich eine köstliche Mahlzeit, was kaum mehr Zeit erfordert, als man zum Öffnen einer Dose braucht.

1 gehackte Zwiebel (vielleicht mit etwas Knoblauch) in wenig Öl anbraten, und – sofern eine Flasche offen ist – ½ Glas Wein hinzufügen. Dann das Ratatouille in den Topf gießen. Geeignete Gewürze dazugeben – Fenchel für Fisch, Rosmarin für Huhn und so weiter – und die Mischung abschmecken. Wenn sie sehr heiß ist, in Stücke geschnittenes Fleisch oder Fisch dazugeben und das Ganze in einen Schmortopf füllen. Sofern vorhanden, 1 cm dick Joghurt (ich habe fast immer welchen im Haus) daraufstreichen. Mit Paprika und Sesam bestreuen und 10 Minuten in den sehr heißen Backofen schieben.

Als rasch zubereitete Beilage eignen sich Reis und vielleicht tiefgekühlte Erbsen oder Bohnen.

Garzeit: Wenn man mit dem Garen des Reises beginnt, 20 Minuten, oder auch nur 15, falls man sich beeilt.

HUGH JOHNSON

Vor dem Essen

Orangen-Lift ist ein sehr viel reizvolleres Getränk als Buck's Fizz. Statt Orangensaft zu verwenden, reibt man hier winzige Stücke der Schale einer schönen Orange ab. Man gießt Champagner (oder anderen Schaumwein) ein und streut reichlich Schale in das Glas. Sie sinkt zu Boden, doch die aufsteigenden Bläschen befördern sie wieder nach oben, dann sinkt sie erneut nach unten. Und das Ganze erinnert an die Fahrstühle in Hyatt-Hotels. Je besser der Champagner, um so teurer ist dieser Drink, aber er macht auch mit EL CHEAPO, dem Billigen, Spaß.

Zum Essen

Zeigen Sie Forschergeist! Aus den folgenden Ländern und Weinanbaugebieten kommen viel bessere Weine, als im allgemeinen angenommen wird: Australien, Bairrada, Katalonien, Chile, Corbières, Korsika, Friaul-Julisch-Venetien, Neuseeland, Südtirol und die Isle of Wight.

Nach dem Essen

Für einen klaren Kopf: kühler Bordeaux. Clairette de Die (wie französischer Asti Spumante) zum Denken; Cointreaux »on the rocks« zum Feiern; und »hocks for the box« (Rheinwein für Glotzenhocker).

FETTUCINI ALLA ZANDRA RHODES

Meine surrealistische Zeichnung zeigt mich auf dem Trifle (engl. Süßspeise) sitzend, und ich blicke auf eine Schüssel mit Pasta. Ich finde, Speisen sollten stets phantasievoll aussehen und ein Gesprächsthema für die Gäste sein.
Zum Abschluß einer Mahlzeit serviere ich immer Tee statt Kaffee, weil er den Gaumen erfrischt. Am liebsten verwende ich eine Teemischung. Wer nicht oft nach Amerika kommt und daher keine Teesorte wie Red Zinger zur Verfügung hat, die aus Kirschbaumrinde, Hibiskusblüten und Pfefferminze besteht, nimmt statt dessen Jasmintee, unter den eventuell etwas Pfefferminztee gemischt wird.
Für eine große Kanne benötigt man etwa 1 gehäuften Eßlöffel Tee, 1 Eßlöffel Zucker, 1 gehackte Orange und 1 Zitrone, Mandelextrakt und vielleicht einige Minzeblätter, sofern sie zur Verfügung stehen. Zusammen ergeben die Zutaten einen erfrischenden Tee, der häufig ein Gesprächsthema des Abends wird. Die große Kanne, von der ich rede, reicht für etwa 20 kleine Tassen aus.

Zandra Rhodes
Party
Menu

Fettucini alla crema alla Zandra Rhodes

Zandra Rhodes Trifle

Tea à la maison

2 Handvoll Nudeln pro Person

Eine Auswahl von in Scheiben geschnittenen oder gehackten Gemüsen – alle, die grün sind und schön aussehen, wie etwa Spargel (wenn er Saison hat und preiswert ist), Rosenkohl (geputzt und halbiert oder geviertelt), Zucchini, grüne Paprikaschoten und so weiter. Ich verwende auch Zwiebeln und Blumenkohlröschen.

120 Gramm Butter sowie ein zusätzliches Stück Butter
Salz
Pfefferkörner
2 Eßlöffel gehackter Salbei
½ Liter Sahne
1 Tasse geriebener Käse, vorzugsweise Emmentaler oder Greyerzer

Ich habe einen großen chinesischen Dämpfer, doch ein auf einen Topf gesetzter Dämpfeinsatz erfüllt den gleichen Zweck. Unter dem Dämpfeinsatz bringe ich Salzwasser zum Kochen, gebe die Nudeln hinein und gare sie 5 Minuten. Dann lege ich die Gemüse, die am längsten brauchen, in den Dämpfeinsatz und dämpfe sie ebenfalls 5 Minuten. Unterdessen sollten die Nudeln so weit sein, daß man sie abgießen kann. Jetzt kommen die rasch garenden Gemüse, wie Spargel, grüner Paprika und Zucchini, in den Dämpfeinsatz. Während die Gemüse weitere 3 Minuten garen, bereite ich die Nudeln zu.
Dazu gebe ich sie mit 120 Gramm Butter, Salz und frischem schwarzem Pfeffer in eine große vorgewärmte Schüssel. Zum Mahlen des Pfeffers, den ich als wichtigstes Gewürz für das Gericht betrachte, verwende ich keine Mühle, sondern einen Mörser. Ich zerstoße den Pfeffer nur grob, so daß er in den Nudeln ein wenig wie Splitt aussieht. Dann gebe ich Salbei, Sahne und geriebenen Käse hinzu und mische sie gut unter. Dann probiere ich, um festzustellen, ob genügend Salz an dem Gericht ist. Falls ich andere frische Kräuter habe, wie etwa Petersilie, füge ich sie ebenfalls hinzu, denn sie verleihen dem Gericht ein einmaliges Aroma. Nun nehme ich die Gemüse aus dem Dämpfeinsatz und gebe sie mit etwas zusätzlicher Butter zu den Nudeln, mische sie gut unter und serviere das Gericht sofort.

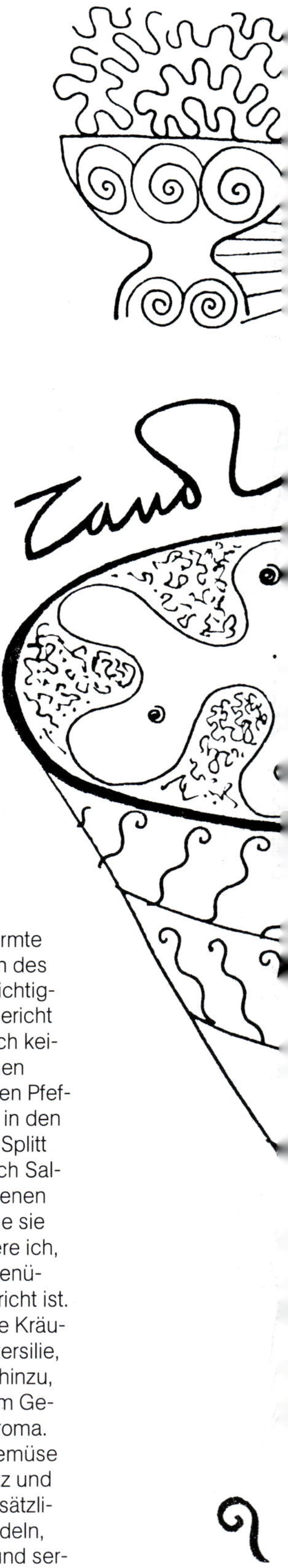

DAS ZANDRA-RHODES-TRIFLE

Dieses klassische Partytrifle wird am besten einen Abend vorher zubereitet, damit die Götterspeise fest werden kann.

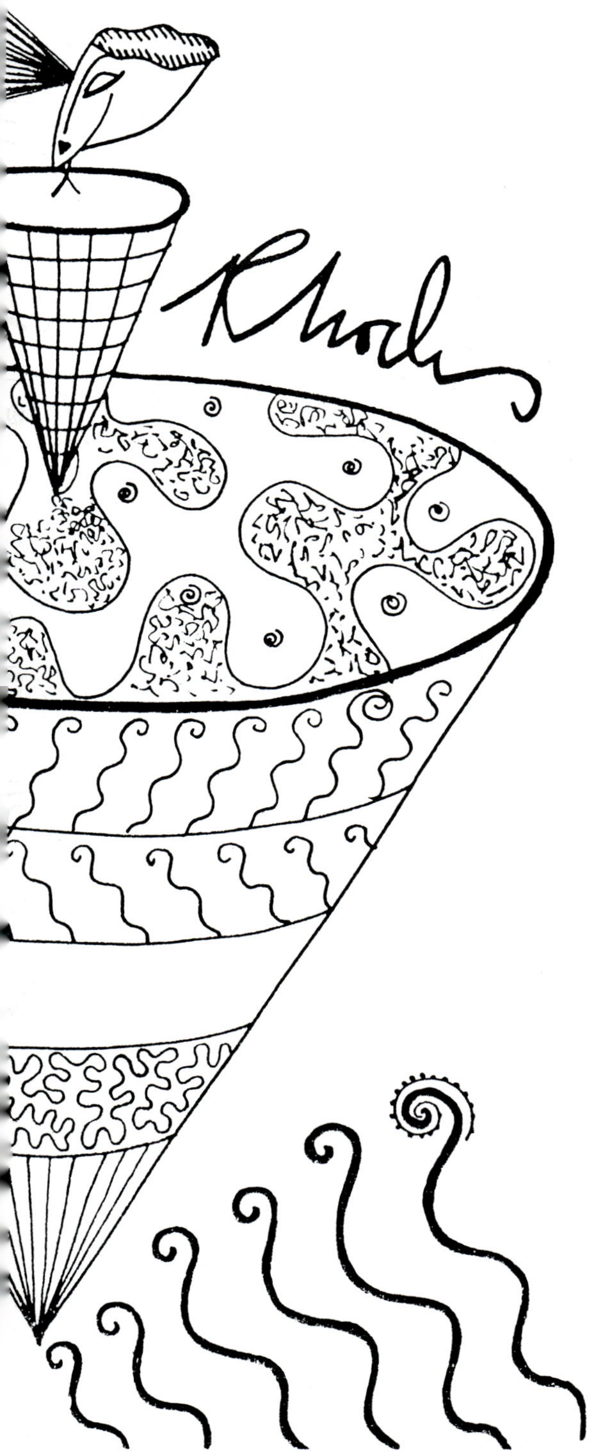

Biskuitrolle oder Biskuitkuchen, in Scheiben geschnitten
1 große Dose Fruchtcocktail
2 Päckchen Götterspeise, für je ½ Liter Flüssigkeit (mir gefällt die grüne am besten)
1 Dose gesüßte Kondensmilch (⅜ Liter), mit normaler Milch auf ½ Liter aufgefüllt
½ Liter Milch
5 gehäufte Eßlöffel Vanillesaucenpulver
4 schwach gehäufte Eßlöffel Zucker
Mandelextrakt
Sahne
Vanilleextrakt

Biskuitscheiben und abgetropfte Früchte in einer Glasschüssel hübsch anordnen. Fruchtsaft und Wasser für die Zubereitung der Götterspeise verwenden. Diese über Biskuit und Obst gießen und fest werden lassen. Auch die Vanillesauce, die dick und glatt sein sollte, am besten im voraus zubereiten. Die Milch erhitzen, Zucker und Pulver in eine Schüssel geben und nach und nach die Milch und einige Tropfen Mandelextrakt unter ständigem Rühren dazugießen. Die Vanillesauce, während sie abkühlt, gelegentlich umrühren, damit sich keine Haut bildet, dann beiseite stellen. Am nächsten Tag die Sauce auf die Götterspeise geben, darauf eine Schicht geschlagene Sahne verstreichen, der Zucker und Vanilleextrakt zugegeben wurden. Mit Kirschen, kandierter Engelwurz und Zucker- oder Schokoladenkügelchen verzieren – oder mit was immer Ihnen einfällt.

ILLUSTRATION: **QUENTIN BLAKE**

Alle, die an diesem Buch mitgewirkt haben, sind oder waren – wie im folgenden näher erläutert – auf irgendeine Weise dem Royal College of Art (RCA) verbunden.

Maxime Adam-Tessier, französische Bildhauerin, benefaktor to Dept. of Sculpture, S. 73, 80; **Kenneth Armitage,** Hon. Dr. RCA, Visiting Lecturer (Sculpture), S. 100; **Sue Balfre,** S. 47; **Gregg Becker,** S. 72, 145; **Lutz Becker,** ehem. Tutor (Film), S. 94; **John Bellany,** ehem. Student, S. 62/63; **Jenny Bennett,** Secretary in Administration, S. 45; **Gerald Benney,** ehem. Professor (Silversmithing Jewelry), S. 127; **Quentin Blake,** Senior Tutor (Illustration), S. 43, 66, 99, 158; **Gill Bradley,** S. 61, 142; **John Bradley,** S. 50; **John Bratby RA,** Maler, S. 103; **Louise Brierley,** S. 29; **Krysia Brochocka,** ehem. Studentin, S. 11, 33, 109; **Joanne Brogden,** Professor (Fashion Design), S. 57, 58, 76; **Peter Brookes,** S. 48; **Robert Buhler RA,** ehem. Tutor (Painting), S. 14/15, 120; **Emma Calder,** S. 126; **Mel Calman,** Visiting Lecturer (Illustration), S. 137; **Margaret Calvert,** Tutor (Graphics), S. 19; **Cameron A. Campbell,** S. 82; **Sir Hugh Casson CH KCVO PPRA,** ehem. Provost, ehem. Professor (Architecture), S. 71, 125, 154; **Lady (Margaret) Casson,** ehem. Tutor (Interior Design), S. 21, 71, 125, 154; **Joan Catlin,** ehem. Assistant Registrar, S. 90, 126, 145, 148; **Richard Cawley,** ehem. Student (Fashion), S. 22, 31; **Emma Chichester-Clark,** ehem. Studentin (Illustration), S. 53, 77; **Alan Couldridge,** Tutor (Fashion) und **Valerie Couldridge,** ehem. Tutor (Fashion), S. 64; **Paul Cox,** ehem. Student (Illustration), S. 102; **Theo Crosby ARA RIBA FSIAD,** Member of Council, Pentagram, S. 122; **Per Dahlberg,** ehem. Student (Illustration Audio Visual), S. 92; **Andrew Davidson,** ehem. Student (Illustration), S. 69; **Ed Day,** ehem. Student, S. 130; **Cherry Denman,** S. 11, 101; **Shaun Dew,** S. 28; **Lilian Dodd,** Technican (Textiles), S. 32; **Fred Dubery,** Senior Tutor (Photography), S. 26/27; **Alf Dunn,** Tutor (Printmaking), S. 55, 104; **Lucy Dupre,** S. 133; **Dan Fern,** Head of Illustration Department, S. 59; **Monica Fine,** S. 42; **Hannah Firmin,** ehem. Studentin (Illustration), S. 70, 114, 146; **Alan Fletcher,** Graphic Designer, Pentagram, S. 134; **Michael Foreman,** Visiting Lecturer (Illustration), S. 129; **Julia Foskett,** ehem. Studentin; **Peter de Francia,** ehem. Professor (Painting), S. 78, 152; **Christopher Frayling,** Professor (Cultural History), S. 143; **Terry Frost,** ehem. Student, S. 147; **Reg Gadney,** ehem. Pro-Rector, Tutor (Cultural History, Film), S. 123; **David Gentleman;** Buchillustrator (Honory Fellow of the College), S. 115; **Jane Gibson,** S. 48; **Bobby Gill,** Tutor (Graphics), S. 54, 107; **Dr. Giorgio Giugiaro Hon. Dr. RCA,** S. 40; **Dominic de Grunne,** ehem. Tutor (Cultural History), S. 70, 72; **John Golding,** Senior Tutor (Painting), S. 38; **Dr. Robert Goodden CBE RDI RIBA,** ehem. Pro-Rector und ehem. Professor (Silversmithing, Jewelry), S. 61, 146; **James Gowan FRIBA,** Tutor (Architecture, Design Studies), S. 113; **Carolyn Gowdy,** S. 90; **Alistair Grant,** Professor (Printmaking), S. 118/119; **Frank Guille,** Head of Furniture Department, S. 153; **Richard Guyatt,** ehem. Rector, Professor (Graphic Design), S. 144; **Donald Hamilton Fraser RA,** ehem. Tutor (Painting), und **Judy Hamilton,** S. 108; **Nicholas Hardcastle,** S. 132; **John Hedgecoe,** Pro-Rector, Professor (Photography), S. 52; **Julia Hedgecoe** (friend of **RCA**), S. 20, 52, 95; **Michael Heindorff,** ehem. Student (Painting), S. 18; **Sue Hilton,** S. 68; **Susan Hilton,** S. 88; **Paul Hogarth,** ehem. Tutor und Visiting Lecturer (Illustration), S. 34; **Sarah Holland,** S. 96; **Lord Howard,** ehem. College Treasurer, Member of Council, S. 99; **Paul Huxley,** Professor (Painting), S. 151; **Kenneth Ireland,** Industrial Design Technician, S. 129; **Kristin Jacob,** S. 12, 45, 117; **Hugh Johnson** (friend of **RCA**), S. 155; **Leslie Johnson,** S. 152; **Aziz R. Khan,** Steward, Queen's Gate, S. 68; **Phillip King,** Professor (Sculpture), S. 44; **Mak Kum Siew,** ehem. Student, S. 86; **Peter Latham Smith,** S. 84; **Joy Law,** ehem. Exhibitions Officer, ferner **Jenny Law** und **Katie Law,** S. 47, 53, 77, 88, 101, 142, 150; **Nicholas Law,** S. 42; **Joanna Lewis,** S. 13; **Robin Levien,** ehem. Student, S. 102; **Valerie Lyons,** Student Admissions Clerk, S. 85, 114; **Ann Marshall,** S. 148; **Derek Martin,** S. 10; **Gary McCarver,** S. 112, 150; **Bernhard Meadows,** ehem. Professor (Sculpture), S. 18; **Yehudi Menuhin,** Senior Fellow of the College, S. 97; **Anne Morley,** ehem. Secretary of Cultural History, S. 133; **Bernhard Myers,** Corresponding Professor des **RCA,** S. 46, 111; **†Henry Moore,** ehem. Student, ehem. Head of Sculpture, First Honorary Doctor des **RCA,** S. 89; **Mechthild Nawiasky,** ehem. Tutor (Cultural History), S. 24, 28; **Bernard Nevill,** Professor (Textiles), S. 117; **Roger Nicholson,** ehem. Professor (Textiles), S. 16, 41, 136; **Cathy Noble,** S. 109; **Siobhan Noonan,** S. 140; **John Norris Wood,** Tutor (Illustration), S. 128, 138/139; **†Peter O'Malley,** ehem. Tutor (Ceramics), S. 116; **Sir Duncan Oppenheim,** ehem. Chairman of Council, S. 17, 75; **Chris Orr,** Tutor (Engraving), S. 74; Professor **Eduardo Paolozzi,** Tutor (Ceramics/Glass), S. 36/37; **James Park,** Head of Textile Design, S. 135; **Gillian Patterson,** Tutor (Painting), S. 29; **Simon Phillips,** S. 100; **John Piper CH,** Maler, und **Myfanwy Piper,** S. 98; **Patrick Procktor,** Visiting Tutor (Printmaking), S. 110; **Lord Queensberry,** ehem. Professor (Ceramics/Glass), S. 20, 95; **Zandra Rhodes, Hon. Dr. RCA,** ehem. Studentin (Textiles), S. 156/157; **Sheila Robinson,** S. 149; **Marta Rogoyska,** ehem. Visiting Lecturer (Textiles), S. 92; **Leonard Rosoman OBE RA,** ehem. Tutor (Painting) und Visiting Tutor (Illustration), S. 106; **Michael Rothenstein RA,** S. 30; **Sue Scullard,** S. 81; **Charles Shearer,** ehem. Student (Illustration), S. 32; **Christine Simpson,** S. 56, 85; **Brian Smith,** ehem. Professor (Design Management), S. 124; **Jean Southwood,** ehem. Catering Officer, S. 12, 16, 82, 137; **Ruskin Spear RA,** ehem. Tutor (Painting), S. 91; **Herbert Spencer,** ehem. Professor (Graphics), S. 49; **Lady Spender,** ehem. Professor (Cultural History), S. 112; **Michael Starling,** Tutor (Industrial Design), S. 50; **Jocelyn Stevens,** Rector, S. 130; **Brian Tattersfield,** Visiting Lecturer (Graphic Design), S. 23; **Blaise Thompson,** S. 97, 121; **Julian Trevelyan, Hon. Fellow RCA,** ehem. Tutor (Printmaking), S. 39; **Anne Tyrrell,** Tutor (Fashion Design), S. 65; **Floris van der Broecke,** Professor (Furniture), S. 83; **Dosia Verney,** ehem. Council Member, S. 84, 132; **Sybil Waldock,** ehem. Secretary, Registry, S. 69, 81, 96, 121; **Hilary Watson,** ehem. Student (Cultural History), S. 140; **Carel Weight CBE RA,** Emeritus Professor (Painting), S. 60; **Jessica Widden,** ehem. Student Admissions Clerk, S. 10; **Virginia Wilkinson,** S. 33; **Rosemary Wilson,** Rector's Secretary, S. 13, 56.

REGISTER

Apfelrotkohl 34
Aprikosen-Amaretto-Creme 107
Aprikosenpudding 109
Auberginen, Gefüllte 97
Auberginen mit Käse 96
Aushak 42
Avocadosuppe 13

Baked Beans 103
Bananenchutney, Scharfes 142
Bigos à la Rogoyska 92
Birnenkuchen 129
Blumenkohlsuppe 10
Bouquet Rouge 61
Brotpudding, Altmodischer 121
Brotpudding, Silberschmieds 127

Cassata alla Siciliana 134
Chutney, Indisches 143
Civet de lapin 78
Coquilles et poireaux à la mornay gratinés 65

Dinner belle amie 62
Druckerpie 49

Eiersalat 32
Eiscreme-Saucen 150
Erdbeeren mit Mandeln 112

Fenchel mit Rahmkäse, Spinat, Pinienkernen und Tomatensauce 98
Fettucini alla Zandra Rhodes 156
Fischmousse für acht Personen 53
Fischtopf 56
Früchte in Alkohol 152
Früchte in Weinbrand 110
Früchtekuchen aus dem Norden 132
Fruchtsalat, Winterlicher 111
Frühlingsdessert 116

Garnelen und Cashewnüsse in herzhafter Sauce 59
Geflügelpastete Mechthild 24
Geflügelsalat 33
Gemüsesalat, Bunter 29
Gemüseterrine 101
Gratin dauphinois 102
Großmutters Spezialkekse 140

Hachée 83
Haggis 91
Hase en croûte 77
Hauskaninchen in Weißwein 76
Hefekuchen 137
Heringe, Pikante 57
Hollo amontillado 75
Hoppla 126
Hühnerschmortopf mit pikanten Kartoffeln, Einfacher 69
Huhn in Joghurt 71
Hummer Thermidor 63

Karamelpudding 125
Kartoffelklöße 94
Kaviarpaste 20
Kipperpâté 17
Knusperfische, Kleine 60
Kopfsalat, Gedünsteter 99
Krabbensuppe 18
Kressesuppe 12
Kürbispie, Pikante 45

Lammtopf 89
Liköre aus dem 18. Jahrhundert 153

Makkaroni mit Sardellen-mayonnaise 39
Makrelen, Pikante 54
Makrele oder Hering im Hemd 52
Marillé mit Tomatensauce au Wodka 40
Marmelade, Scharfe 149
Mayonnaise à la Robin 144
Milchtorte 122
Moules marinière 62
Moules St. Jacques 58
Müslipfannkuchen 124

Neger im Hemd 118
Nudeln mit Kressesauce 38
Nudeln mit Räucherfisch 43

Okonomiyaki – eine japanische Kohlpizza 41
Osterpie, Pikante 47

Pakistanisches Tandoori-Huhn 68
Panackelty 90
Paphos' schwarze Oliven-Lust 147
Parade 31
Partylamm 88
Pastinaken au gratin 100
Perlhuhn mit Weintrauben 73
Pfannkuchenpie 46
Poissons sauce dieppoise à l'ombre d'un chapeau 64
Polenta Viticuso 36
Pommes-Kameraden 104

Quitten-Vergnügen 146

Räuchermakrelen-Paste 16
Regatta-Pfirsiche 108
Regenbogenforelle mit Rahmkohl 55
Reginalds französische Torte 123
Reitende Engel 14
Reitende Teufel 15
Rhabarber-Erdbeer-Gelee 113
Rindfleisch mit Backpflaumen 81
Rösti 95
Roxannes Kalamazoo-Bananensplit 106
Rühreier 19

Salat, Exotischer 30
Salat Lyonnaise 26
Salate, Tips für 28
Schießpulverkuchen 136
Schinken, Warmer oder kalter 87
Schmorfleisch mit Auberginen 82
Schnelle Küche für Eilige 154
Schokoladenkuchen, Schwarzer 135
Schokoladenmousse 120
Schokoladensauce 151
Schokoladen-Weinbrand-Kuchen 133
Schweinebauch Mak 86
Schweinefilet 84
Schweinekotelett in süß-saurer Sauce 85
Seeteufel am Spieß 66
Selleriesuppe 11
Sommerüberraschung 21
Spaghetti all'aglio (oder alle cipolle oder al burro) 37
Spaghetti mit Brokkoli 44
Spotted Dick 130
Sues Apfelbrûlé 115

Tante Nancys Kompott 117
Tarte Tatin 63
Täubchen mit Weintrauben 72
Terrine von Stilton und Backpflaumen mit Zwiebel-Apfel-Salat 22
Toffeeäpfel 145
Töpferpie 48
Tournedos Maximov 80

Ururgroßmutters Weihnachtspudding 128

Valeries Apfel-Orangen-Pie 114
Verführungsdinner 74

Waterzooi mit Brathähnchen oder – noch besser – mit Perlhuhn 70
Wein, Falls wir den – vergessen 155
Wildpie, Wahre 50

Yorkshirepudding 23

Zandra-Rhodes-Trifle, Das 157
Zitronenlimonade 148
Zoo-Kekse 138